MIRACLE MOMENT

미라클 모먼트

JINSEI NO TASOGARE WO OUGON NI KAERU [KENJA NO KAKEZAN]
by Hiroyuki INOUE
© Hiroyuki INOUE, 2023 Printed in Japan

Korean translation copyright ⓒ 2024 by Dongyang Books Co.
First published in Japan by Sunmark Publishing, Inc.
Korean translation rights arranged with Sunmark Publishing, Inc.
through Imprima Korea Agency

MIRACLE MOMENT

기적을 마음먹은 순간 27가지 곱셈법을 시작하라

미라클 모먼트

이노우에 히로유키 지음 | 오정화 옮김

동양북스

기적을 끌어당기는
곱셈의 법칙

어떻게 살고
어떻게 죽을 것인가?

"환자의 의식이 언제 돌아올지 모르겠습니다. 대단히 조심스러운 말씀이지만, 뇌사 상태로 살아가시는 것도 염두에 두셨으면 합니다."

나는 딸을 끌어안고 펑펑 울었다. 절망이라는 시커먼 그림자에 뒤덮인 채, 내가 할 수 있는 건 속수무책으로 눈물을 흘리는 것밖에 없었다.

운명은 자기 스스로
만드는 것이다

예기치 못한 사고가 우리 가족을 덮쳤을 때, 모든 걸 놓아버리고 싶었지만 그것조차 쉽지 않았던 그때. 운명처럼 만난 나폴레온 힐의 《생각하라 그리고 부자가 되어라》를 만났다. 내가 태어나서 읽은 첫 번째 자기계발서였다.

"생각하는 것은 현실이 된다."

　물질적인 것은 잃어버려도 다시 찾을 수 있지만 잃어버리면 절대 되찾을 수 없는 것이 딱 하나 있다. 그것은 바로 사람의 인생이다.

　사람이라면 누구나 저마다의 고민과 바람이 있다. 그리고 마침내 그것이 이루어지는 기적 같은 순간을 원한다. 나는 그 시작에 균형이 있다고 말하고 싶다. 아무리 큰 성공을 거두고 엄청난 부를 쌓았다고 하더라도 가정에 불화가 있거나 건강이 좋지 않다면 기적과는 멀어지게 된다.

　일, 건강, 인간관계, 가족, 돈…….
　인생의 모든 분야가 균형을 이룰 때 우리는 기적과 한 걸음 가까워진다. 전혀 다른 두 가지 키워드를 균형있게 곱셈하는 기술, 이 비밀을 알면 '기적의 순간'이 실현된다. 이 책은 당신에게 '미라클 모먼트'를 선사하는 책이다.

　자, 당신은 기적을 만날 준비가 되었는가?

많이 흔들려 본 사람이라면
반드시 균형에 이르게 된다

나는 치과의사가 되겠다고 마음먹은 이래로 내가 꿈꾸던 이상적인 치과의사의 모습을 갖기 위해 열심히 노력했다. 그래서 대학원에 진학하고 병원을 개원한 이후로도 여전히 버리지 못한 유학의 꿈을 이루기 위해 미국 뉴욕 대학의 프로그램에 참여했고, 배우고 싶었던 것을 모두 공부했다.

자기계발의 세계에 발을 들여놓은 이후로, 나는 마음에 들거나 궁금한 책과 교재는 모두 구매해 시간이 날 때마다 읽었다. 심지어는 책을 너무 많이 읽어 눈이 피로한 날이면 책 대신 CD 교재를 들었다. 하나에 몰입하면 끝까지 파고드는 성격 탓에 누구보다 불균형한 삶을 살고 있었는지도 모른다. 하지만 그만큼 많은 것을 경험하고 넓은 세계를 봐왔기 때문에 이제 나는 비로소 균형을 찾을 수 있는 것이라고 생각한다.

내가 생각하는 균형은 이렇다. 넘치는 열정과 패기로 힘이 닿는 데까지 넓고 깊게 세상을 바라본 사람만이 진정으로 균형 잡힌 인생을 보낼 수 있다고 생각한다. 그런 의미에서 균형이란 오히려 많이 흔들려도 된다. 어쩌면 균형은 과감하게 흔들리는 폭, 그 자체일 수도 있다.

더 이상 희생하고
나누려고 애쓰지 마라

균형을 희생이라고 생각하는 사람도 있을 것이다. 이를테면 일에 완전히 몰입하기 위해 가족과의 시간을 줄이는 희생이 불가피하다고 생각하는 것과 같다. 하지만 균형은 시간의 개념이 아니다. 가족과 함께 시간을 보내면서도 적당한 거리와 절제된 태도를 유지하는 것이 가족간의 깊은 관계에 도움이 될 수도 있다.

한 가지를 소중히 하면 다른 무언가를 희생해야 한다고 생각하는 사람은 인생을 '나눗셈'으로 바라보는 사람이다. 피자를 여러 조각으로 나눈다고 할 때 한 조각을 크게 자르면 나머지 조각은 작아질 것이다. 하지만 인생은 피자 한 판이 아니다.

인생을 풍요롭게 만드는 균형은 '곱셈'에서 온다.

이 책의 주제가 되는 인생의 곱셈법은 하나의 요소에 다른 하나를 곱할 때 나타나는 시너지 효과를 말한다. 우리가 흔하게 지나칠 수 있는 많은 순간에 다른 관점의 깨달음을 곱한다면, 당신이 걱정하고 고뇌하던 문제는 그 균형을 찾아 쉽게 해결될 것이다. 어쩌면 당신이 상상하지 못했던 기적의 순간을 생각보다 빠르게 가져올 수도 있다.

구체적인 비전과
미션을 세우자

인생의 균형을 찾아가는 방법은 사람마다 다르다. 인간관계보다 업무 성과가 중요하다고 생각하는 사람이 있는 것처럼 어떤 균형으로 인생을 디자인할지는 사람마다 다르다. 그리고 그 선택권은 자신에게 주어진다. 그렇다면 적어도 자신이 바라는 이상향이 무엇인지 구체적으로 말할 수 있어야 하지 않을까?

내가 의사로서 바라는 이상은 환자의 건강이다. 그것이 내 치료의 목표라고 생각하기 때문이다. 하지만 치료 방법을 선택하는 것은 환자에게 달려 있다. 그 환자가 어떤 이상적인 모습을 그리고 있는지에 따라 치료방법은 달라진다. 그러나 치료법을 모르고 있다가 나를 찾아와 이상적인 치료 방법을 알게 된 한 환자는 '조금 더 빨리 알았더라면 좋았을 텐데요'하고 후회한다. 이는 인생과 같다. 자신이 생각할 수 있는 이상적인 상태를 파악한 다음, 거기에서 자신이 무엇을 선택할 것인가를 생각해보라. 후회하지 않는 인생을 살기 위한 중요한 시작이다.

자신이 되고 싶은 이상적인 모습은 비전으로 바꾸어 말할 수 있다. 그리고 비전을 만들어내는 것이 미션이다. 미션은 '나는 어떻게 되고 싶은가?', '무엇을 위해 그 일을 하는가?' 같은 삶을 대하는 자기 태도의 기준(축)이 되는 목적이며 미션이 명확하지 않으면 이상적인 비전 또한 보이지 않는다. 모든 것은 미션으로부터 시작한다. 회의를 할 때는 '오늘 회의의 미션은?'부터 시작하면 되는 것이다. 회사를 설립할 때도 마찬가지로 명확한 미션 설정이 사업을 성공으로 이끄는 가장 근본적인 요인이 된다. 그러므로 미션은 우리가 인생을 걸어나가는 데에도 굉장히 중요한 뿌리라고 할 수 있다. 그만큼 미션은 간결하게 한 단어로 표현할 수 있어야 하며, 다른 사람에게 말했을 때 모두가 바로 공감하고 이해할 수 있는 것으로 정하자.

훌륭한 지혜는
계속해서 커닝하자

갑자기 미션에 대해 생각하게 된 당신, 어디서부터 시작해야 할지 감이 잡히지 않을 것이다. 내가 진행하는 세미나에서도 '미션을 작성해 봅시다'라고 말하면 좀처럼 펜을 들지 못하는 사람이 많다. '내가 하고 싶은 일'만 줄지어 나열하는 건 미션이 아니다. '○○ 대학 대학원을 수석으로 졸업한다' 또한 목표지 미션이 아니다. 미션은 '왜 그것을 하고 싶은가?'라는 질문에서 탄생한다. 예를 들어 '나와 관계된 모든 사람이 웃을 수 있는'도 훌륭한 미션이고 나와 같은 의료 관계자라면 '환자에게 고통을 주지 않는 것', '환자를 건강하게 하는 것'도 중요한 미션이다. 또는 '모든 사람의 마음을 사로잡는다'라는 미션도 좋다. 미션으로 자신의 이상적인 모습을 그릴 수 있다면 그 어떤 것도 훌륭한 미션이 된다. 어렵게 생각하지 않아도 된다. 결국은 자신의 인생을 구성하는 요소들 가운데 최고의 상태를 만들어 내는 것뿐이다.

그래도 미션 세우기가 어렵다면 먼저 자신이 존경하는 사람 혹은 좋다고 생각하는 회사가 내세우는 미션을 알아보자. 그들은 미션의 보물창고이다. 그들의 미션을 따라해보는 것도 좋다. 위대한 선인들이 남긴 말이나 철학 중에서도 따라하고 싶은 게 있다면 즉시 행동으로 옮겨보아라. 학생 때야 커닝이 금기시되는 행동 중 하나였지만 어른이 되어서는 커닝해도 괜찮다(물론 좋은 점만).

기적을 맞이하기에
딱 좋은 시기

인생의 시기마다 중요하게 여기는 가치가 달라진다. 내 30, 40대의 가치는 일이었고, 50대부터는 건강을 최우선으로 생각했다. 그리고 환갑을 맞이한 지금은 가족을 비롯한 주변 사람들의 소중함을 마음속 깊이 느끼고 있다. 하루하루 실제로 경험하지 않으면 알 수 없는 것들이 존재한다는 사실을 통감한다. 미라클 모먼트를 위한 '균형'도 지금의 나이가 되어서야 비로소 알게 된 것 가운데 하나다. 눈앞의 일에만 몰두하거나 다른 사람의 가치관, 즉 세상의 체면에 휘둘리다 보면 무의식 중에 숲을 보지 못하고 나무만 보게 되기 쉽다. 어느 날 인생 자체를 내려다봤을 때, 넓은 시야로 주변을 인식할 수 있었으면 좋겠다고 생각한다.

우주는 균형으로 이루어져 있다. 균형이 깨진 지구는 온난화 같은 환경 문제로 골머리를 앓고 있다. 하물며 우주의 일부인 인간은 어떻겠는가? 인간의 삶도 일상의 모든 상황에서 다양한 균형을 고려하며 살아가는 것이 중요하다. 잘 풀리지 않는 인생도 균형을 맞추면 반드시 개선될 것이다.

앞서 인생에서의 균형이란 '곱셈'이라고 말했다. 인생은 정말 다양한 요소로 구성되어 있고, 살아가면서 유의해야 하는 것도 무수히 많다. 이 책에서는 내가 인생의 후반전을 살아가며 깨달은, 인생에서 생각할 수 있는 몇 가지의 '곱셈'을 다룬다. 나는 이 곱셈을 만나기까지 수많은 아픔을 견뎌왔다. 이 책을 펼쳐 든 당신이 인생을 후회 없이 가치 있게, 또 어떻게 균형 있게 살아가면 좋은지, 그 힌트가 될 만한 이야기들을 정리해 보았다.

곱셈은 여러분의 생각을 두 배로 키울 것이다. 내가 소개하는 곱셈이 정답은 아니다. 당신도 당신만의 문제나 앞으로 나아가려는 길, 혹은 자신의 상황에 맞는 곱셈법을 분명 발견할 수 있다. 이 세상의 모든 것을 좋고 나쁨으로 나누지 않고 적절하게 곱할 때 곱셈은 그 자체로 더 확장된 세계를 선사할 것이다.

하루하루를 가치 있게 살아가고 싶은 당신, 기적을 어떻게 실현할 것인가? 성공만을 목표로 돌진하거나 눈앞의 행복만으로 소박한 삶을 사는 것이 아닌, 모든 것을 균형 있게 내려다보며 행복하게 인생을 살 수 있길 바란다. 이 책이 그를 위한 힌트를 조금이라도 제시할 수 있다면 나에게도 여러분에게도 그 이상의 기쁨은 없다.

차례

미라클 모먼트를 마음먹다

미라클 모먼트를 계획하다

MIRACLE
MOMENT

소망

잠재의식

소망이 있다면
잠재의식을 두드려라

소망이 있다면
잠재의식을 두드려라

인생은 잠재의식에
조종되고 있다

2006년 미국에서 출간된 《THE SECRET》(론다 번, 살림Biz, 2007)은 세계적인 잠재의식 붐을 일으켰다. 그리고 많은 사람이 관심을 기울이고 있는 《끌어당김의 법칙》(다카하시 히로카즈, 동양북스, 2024)도 잠재의식의 활용법에 관한 이론이다. 잠재의식이 생각보다 우리 삶의 큰 부분을 차지하고 있다는 사실을 아는가?

잠재의식은 생각한 대로 인생을 걸어가기 위한 열쇠가 된다. 우리의 의식에는 표층적 의식인 '현재의식顯在意識'과 의식 안쪽에 숨어 있는 '잠재의식潛在意識'이 있다. 이에 일찍이 주목한 심리학자 지그문트 프로이트는 연구를 통해 잠재의식이 우리의 행동과 사고, 선택에 큰 영향을 미친다는 사실을 밝혀냈다. 또한 심리학자 카를 구스타프 융은 잠재의식에 관한 연구를 더욱 심화시켜 '현재의식은 바다 위에 얼굴을 내밀고 있는 빙산의 일각에 불과하다'라고 정의했다. 결과적으로 오늘날 여러 연구는 의식 가운데 현재의식은 약 3%에 불과하며, 나머지 97%가 잠재의식이라 밝히고 있다.

간단하게 말하면 잠재의식은 기억의 저장고와 같다. 이 기억을 잘 활용하여 살아간다면 누구든 가치 있는 삶을 살 수 있을 것이다. 문제에 직면했을 때 좋은 기억을 끄집어낼 수 있다면 긍정적인 말과 행동으로 이어져 좋은 결과를 끌어낼 수 있지만, 반대로 나쁜 기억을 떠올리면 부정적인 말과 행동으로 이어져 나쁜 결과를 부르게 될 것이다.

잠재의식은 선과 악을 구별하지 않고, 그 사람의 감정을 그대로 받아들여 작용하는 특성이 있다. 예를 들어 사업 실패로 인생에 큰 위기가 찾아왔다고 가정해보자. 이때 '그래도 나는 운이 좋으니까 괜찮아'라고 생각하는 사람은 운이 좋다고 느긴 과거의 기억으로 자기 자신을 믿을 수 있다. 그리고 그의 의식 또한 긍정적으로 작용하기 시작할 것이다. 나아가 기억 속 정보를 동원해 '주변에 상담해보자!'라는 번뜩임을 얻고 타인에게 구원의 손길을 내밀 수도 있다. 이때 절묘한 타이밍으로 상대방에게 연락이 오는, 기가 막힌 우연이 일어나기도 한다.

강한 마음은 운을 부른다. 이것이 '끌어당김의 법칙'이다. 번뜩이는 감각은 어쨌든 자기 자신을 믿을 수 있는 사람에게 잠재의식이 주는 선물이 아닐까?

반면 '나는 이제 틀렸어'라며 나쁜 방향으로 생각하는 사람은 과거의 좋지 않은 기억으로 자기 자신을 믿지 못한다. 비관적 사고를 받은 의식은 자연스레 부정적으로 작용하고, 일을 그르쳤을 때 새겨졌던 마음의 상처를 불러일으킨다. 그러면 '더 이상 낙담하고 싶지 않다'라는 두려움에, 궤도 수정을 위한 시도마저 방해받고 만다. 나아가 실패를 다른 사람의 탓으로 돌리고 자신의 마음을 속이는 피해자 의식은 성장의 기회를 놓치고 미라클 모먼트에서 점점 멀어지게 한다.

잠재의식을 알면
소망을 이룰 수 있다

잠재의식이 존재하지 않는 사람은 단 한 명도 없다. 잠재의식은 우주의 법칙이며, 인간의 법칙이다. 잠재의식을 이해하고 올바르게 활용하여 살아간다면 누구나 자신이 바라는 대로 살아갈 수 있다. 실제로 잠재의식에 관심을 갖거나 실천하고 있는 사람의 상당수가 잠재의식을 제대로 활용하지 못한다. 잠재의식을 활용해 일상을 바꾸려고 노력하지만 꿈은 조금도 실현되지 않았다고 호소하는 사람들의 이야기가 들릴 때마다 나는, 그들이 '꿈이 실현되지 않는 현실'을 끌어당기고 있는 것은 아닐까 생각한다.

잠재의식의 활용법을 세상에 널리 알린 잠재의식의 아버지, 조셉 머피는 '그냥 이렇게 있고 싶다고 솔직하게 생각한다. 그리고 그것이 현실이 된다고 믿는다. 그것만으로도 소망은 실현된다'라고 말했다. 하지만 머피의 책에서는 '이렇게 되고 싶다'라는 꿈이 영혼의 소망과 일치하지 않으면, 잠재의식으로 소망을 이루는 것은 불가능하다는 내용이 명확하게 적혀 있다. 그래서 머피는 '만약 소원이 이루어지지 않는다면, 그것은 당신의 사고방식이나 소망하는 방식이 잘못된 것'이라고 말한다.

소망이 이루어지지 않는 이유는
영혼의 목적과 어긋나 있기 때문이다

예를 들어 여러분이 '멋진 연인을 만나고 싶다'라고 생각한다면 계속해서 그 소망을 끌어당길 필요가 있다. 꾸지 않는 꿈은 이루어지지도 않는 법이다. 하지만 아무리 바라고 바라도 이루어지지 않는 이유는 무엇일까? 그것은 '멋진 연인을 만나고 싶다'라는 소망이 영혼의 목적과 어긋나 있어서다. 멋진 연인을 얻는 것은 행복을 느끼기 위한 수단일 뿐, 영혼의 목적은 아니다. 영혼의 목적을 파악하기 위해서는 무엇보다 자기 자신과 마주하는 것이 중요하다. 나는 이런 식으로 마음을 관찰해 나간다.

왜 애인을 만들고 싶을까? → 외로우니까

왜 외로울까? → 내 마음이 충족되지 않았으니까

왜 충족되지 않았을까? → 불안하니까

왜 불안할까? → 자립하지 않았으니까

이때 영혼의 목적은 '자립하는 것'이다. 자립하여 스스로 빛날 수 있다면, 그 반짝임으로 멋진 연인을 끌어당길 수 있다. 다시 말해 제일 먼저 스스로 변하는 것이 먼저다. 일단 자신의 힘으로 걸어가기를 결심하면, 그것을 위해 '공부나 일에 몰두한다', '자기계발에 힘쓴다' 등 지금 해야 할 일이 명확하게 보일 것이다.

심리학자 윌리엄 제임스는 '즐거워서 웃는 게 아니다. 웃으니까 즐거워지는 것이다'라고 말했다. 인생도 마찬가지다. 자신이 변하면 세상이 달라진다. 꿈을 이루었기 때문에 마음이 충만한 것이 아니라, 마음이 가득 찼기 때문에 꿈을 이룰 수 있는 것이다.

마음의 소리

X

현실

마음의 소리가 들리면
현실을 직시한다

마음의 소리가 들리면
현실을 직시한다

내면의 설렘이
인생의 목표가 된다

나는 대학에서 치과의사를 목표로 하는 학생들에게 강의를 한
다. 가끔 학생에게 왜 치과의사가 되고 싶은지를 물으면, '부모
님이 치과의사라서 어쩌다 보니' 혹은 '사실 내과를 전공하고
싶었는데, 의대에 떨어져서요'라는 대답이 돌아온다. 분명 치
과의사가 되고 싶은 이유는 성립하지만, 치과의사가 되는 것
이 목표냐고 물으면, 쉽게 대답하지 못한다. 자신의 진정한 꿈
이라고 확실하게 말할 수 없으니 흔들리는 것이다.

확실히 공부는 쉽지 않다. 나도 마찬가지였다. 하지만 나는 '치과의사가 되고 싶다', '이왕이면 이 분야에서 최고가 되고 싶다'라고 생각했고 마침내 내가 바라던 것은 환자의 웃는 얼굴과 마주하고, 환자와 함께 기뻐하는 나의 모습이었다.

목표를 세우기 위해서는 '그것이 정말 나를 설레게 하는가?'라고 스스로에게 계속 물어보자. 그래야 자신이 도달하고 싶은 목표가 또렷하게 형태를 갖추게 될 것이다. 그리고 그렇게 세운 목표를 실현하기 위해서는 고생을 마다하지 않아야 한다. 나중에 돌이켜 봤을 때 '열심히 노력했구나'라고 말할 수 있을 만큼, 그 안에 있을 때는 무아지경으로 몰입해보자. 그 열정이 당신을 견인하는 힘이 되어 '끌어당김'이라는 기적을 만들 것이다.

나의 목표를
정확히 아는 사람

세미나에서 '당신의 목표를 종이에 적어보세요'라고 하면 당황한 이들의 웅성거림이 흘러나온다. 구체적인 목표를 세우지 못하면 잠재의식도 의미가 없다. '이직하고 싶다', '빚 지옥에서 벗어나고 싶다', '짜증 나는 상사에게서 탈출하고 싶다' 등을 목표하는 사람도 있는데, 이는 불만족스러운 회사에 재직 중이라는 현실, 빚 지옥에 있다는 현실, 짜증 나는 상사 밑에서 일한다는 현실을 잠재의식에 전달해 버리고 만다.

왜냐하면 '이직하고 싶다'라는 생각은 지금 불만족스러운 회사에 재직 중이기 때문에, '빚 지옥에서 벗어나고 싶다'라는 생각은 지금 빚 지옥에 있기 때문에, '짜증 나는 상사에게서 탈출하고 싶다'라는 생각은 지금 짜증 나는 상사 밑에서 일하고 있기 때문이다. 잠재의식이 초점을 맞추는 것은 언제나 '지금 여기' 당신의 상태다. 심지어 잠재의식은 대체로 변화를 좋아하지 않는다는 특성이 있어, 이런 목표 설정 방법으로는 인생이 호전되기는커녕, 현상만 유지하게 될 뿐이다. 그러므로 아래와 같이 표현을 다르게 해 목표를 설정해야 한다.

현 직장에서 이직하고 싶다. → 좋은 환경에서 일하고 싶다.
빚 지옥에서 벗어나고 싶다. → 경제적으로 안정된 생활을 하고 싶다.

짜증 나는 상사에게서 탈출하고 싶다. → 건강한 인간관계를 만들고 싶다.

강한 신념은
정답으로 이끌 것이다

설렘과 열정이 가득한 사람이어도 동떨어진 현실에 있다면 자신도 모르게 뒷걸음질 치게 된다. 하지만 정말 그것이 마음속 깊은 곳에서 우러나오는 것이라면, 한 번쯤 순순히 자신의 마음을 따르는 편이 좋다.

한번은 이런 일이 있었다. 치과를 개업했을 당시에도 나는 공부를 계속하고 싶었다. 개업한 지 얼마 되지 않았을 때였음에도 불구하고 미국으로 유학을 가고 싶다는 생각이 머릿속을 떠나시 않았다. 그 시절의 나는 여러 가지 힘든 문제에 직면해 있었다. 병원 문을 닫을 마음이 없다면 유학은 깨끗하게 포기하는 게 좋다는 지인의 말에, '아무래도 그래야겠지?'라고 대답했지만, 마음은 조금도 수긍하지 못했다. 그날 꽤 많이 울었던 기억이 난다.

그때 느꼈던 말로 형용할 수 없는 외로움과 분함은 포기하지 말라는 잠재의식의 메시지였다는 것을, 지금은 너무나도 잘 알고 있다. 결국 나는 내 마음의 소리를 따르기로 했다. 주위 사람들에게 방법이 없을지 모두 털어놓았다. 나는 그들이 가볍게 웃고 넘기거나 그만 좀 하라며 어처구니없어할 줄 알았는데, 놀랍게도 부모님을 비롯한 주위 사람들은 나를 이해해 주었다. 그리고 그들은 병원을 어떻게 할 것인지에 대해서까지 진심으로 고민해 주었다.

나는 이 일로 '하면 된다'라는 성공을 경험했다. 그리고 내 가치관을 관철하는 것의 중요성을 알게 되었다. 100명이 모두 무리라고 해도 그건 다른 사람의 가치관이지 자신의 가치관이 아니라는 것. 자신의 가치관을 관철하기 위해서는 열의가 필요하다는 것. 자신의 가치관을 실현하려면 반드시 이루고 말겠다는 신념을 가질 것. 이것이 나의 성공 철학이다.

신념

가능성

꿈에 신념이 더해지면
가능성이 커진다

꿈에 신념이 더해지면
가능성이 커진다

말도 안 되는
원대한 꿈을 그려보자

세미나에서 자주 받는 질문 중 하나는 "어떤 소망이라도 괜찮나요?"다. 대부분의 사람은 '분수에 맞지 않는 꿈은 이룰 수 없지 않을까?', '지금 내가 원대한 꿈을 그리는 건 이상하지 않을까?'라는 마음의 브레이크가 걸려, 꿈조차 꾸지 못한다.

　이때 브레이크의 원인은 과거의 트라우마일 확률이 높다. 일뿐만 아니라 연애나 취미 등을 통틀어 큰 꿈을 품었어도 좋은 결과를 얻지 못했던 경험, 혹은 부모에게 '너는 안 돼'라는 말을 듣고 자란 가정환경이 영향을 미치는 경우다. 특히 후자의 경우, 자기 부정이 깊게 뿌리내려 있다. 부모에게 '할 수 있어!'라는 칭찬을 받으며 자란 사람의 잠재의식은 활성화되기 쉽고, 부모에게 칭찬이 없는 부정적인 교육을 받은 사람의 잠재의식은 브레이크가 걸리기 쉽다.

어쨌든 꾸면 안 되는 꿈은 없다. 누군가에게 아무리 부정 당해도, 지금의 자신이 아주 작은 존재라고 느껴져도, 그에 아랑곳하지 않고 자신이 그릴 수 있는 가장 원대한 꿈을 꾸어도 괜찮다. 오히려 꿈은 크게 가질수록 좋다. 이 세상에 '무조건'은 없다. '무조건 할 수 있다'도 없지만, '무조건 할 수 없다'도 없다. 그렇다면 할 수 있다는 쪽에 베팅해 보는 게 좋지 않을까? 깊이 생각하지 말고, 일단 자신을 믿는 것이 기적을 향한 첫걸음이다.

실제로 '성공한 사람' 대부분이, 어려운 가정환경에서 헝그리 정신으로 출세하거나, 자국의 가난에서 비롯된 좌절감을 발판 삼아 자신을 성장시킨다. 또한 공부를 잘하지 못했거나, 뭘 해도 안 된다며 바보 취급을 받던 사람이 세계적인 대스타가 되는 경우도 얼마든지 있다. 다시 말해 사람은 누구나 마이너스 에너지를 플러스 에너지로 바꿀 수 있다. 무슨 일이 일어날지 모르는 것이 인생이며 자유롭게 꿈꾸는 사람은 반드시 승리한다.

'어차피 안돼' 뒤에 숨은
본질적인 소망

환갑인 내가 지금부터 올림픽 금메달을 꿈꾸는 것은 무리일 것이다. 내 나이에 아이돌 가수를 꿈꾸고 있다고 해도 그렇다. 100% 불가능하다고 생각할 것이다. 그래도 나는 어떤 꿈이든 의미가 있다고 생각한다. 꿈에는 본질적인 소망이 숨어 있기 때문이다.

'올림픽에서 금메달을 따고 싶다', '아이돌 가수가 되고 싶다'…. 그렇게 생각하는 '나'는 과연 무엇을 원하고 있을까? 왜 그런 꿈을 꾸는 걸까? 그렇게 파고들다 보면 본질적인 소망에 도달하게 된다. 그것은 유일무이한 존재가 되고 싶은 마음일 수도 있고, 주인공이 되고 싶은 마음일 수도 있다. 어쩌면 반짝

반짝 빛나는 존재가 되고 싶은 것일지도 모르겠다. 그런 본질적인 소망을 이룰 수 있다면, 딱히 올림픽 선수나 아이돌 가수가 아니어도 괜찮지 않을까? 예를 들어 '봉사활동에서 주인공 되기'는 본질적인 꿈과 신념만 있으면 달성할 가능성이 충분하다. 잠재의식을 잘 활용하면 현실적으로 마음속 깊은 곳에 있는 '본질적인 소망'을 이루는 것은 무리가 아니다. 유연한 사고를 바탕으로 꿈을 그리면, 잠재의식은 그 소망을 순순히 받아들여 작용하기 시작할 것이다.

얻는 것

잃는 것

무엇을 얻을 것인가,
무엇을 잃을 것인가

무엇을 얻을 것인가,
무엇을 잃을 것인가

알고 잃는 것은
손실을 최소화할 수 있다

소망을 이루기 위해서는 무언가를 잃는 것도 각오해야 한다.
얻는 것이 있으면 잃는 것도 있는 것. 이것이 바로 우주 에너지
계의 섭리다. 이는 '플러스 마이너스의 법칙'이자 '음양의 법
칙'과 같다. 사업에서 성공했어도 가족과의 관계가 파국에 이
르렀다거나, 자가를 마련하자마자 큰 병에 걸리는 경우도 있
다. 우주 에너지의 법칙은 진자처럼 오른쪽으로 흔들린 만큼
왼쪽으로도 흔들리는 '균형의 법칙'이다. 그러므로 잃는 것이

있으면 반드시 얻는 것도 있음을 알아야 한다.

　다시 말해 인생의 균형 자체가 곧 '잃는 것과 얻는 것'의 균형이라고도 할 수 있는데, 얻는 것에만 집중하는 사람만 많다는 사실이 문제다. 하지만 잃는 것이 존재한다는 사실을 인지하고 있으면 얻는 것의 크기를 조절하며 살아갈 수 있다.

　더 공부하기 위해 뉴욕으로 떠날 때, 내가 없는 동안 병원 경영에 리스크가 있으리라는 것을 미리 각오하고 있었다. 그때 나는 스스로에게 '그런데도 뉴욕 대학에 가서 배우고 싶은가?'라고 물었다. 거듭된 고민 끝에 '그래도 공부하고 싶다'는 결론에 도달했기에 마음을 굳혔다. 하지만 무언가를 잃는다는 것을 미리 알고 있었기에, 이를 최소화하기 위해서는 어떻게 해야 하는지 고민했다. 결론적으로는 안정적인 병원 경영을 위해 수익성 높은 환자를 집중적으로 치료하거나, 내가 비운 자리에 다른 의사를 고용해 진료 체제를 구축하는 등의 방법으로 위험성을 최소화했다.

망설임 앞에서는
끝까지 질문을 던져라

"선생님, 저는 공부만으로도 너무 힘들어서 여자친구에게 잘해 주지 못해요. 이러다가 차일 것 같아요."

얼마 전 여자친구와의 관계를 걱정하는 학생에게, 나는 '여자친구의 불만에 대해 자신이 할 수 있는 일을 고민하고, 그것을 보완하면 되지 않을까?'라고 조언해 주었다.

요컨대 해석의 문제다. 부정적으로 해석하면 에너지가 마이너스로 작용하고, 긍정적으로 해석하면 플러스 에너지가 작용한다. 그런데 사람들은 '플러스 마이너스의 법칙'을 의식하지 않고, 눈앞의 소망만을 좇다 큰 갈림길에 서게 되었다며 겁을 먹는다. 회사를 그만두고 사업을 시작하고 싶은 사람에게는 회사를 그만둘지 말지가 분명 인생의 큰 기로다. 하지만 '회사를 나와서 사업을 시작했다가 실패하면 어떡하지?', '모든 걸 잃어버리면 큰일인데'라는 생각에 한 발짝도 움직이지 못하는 것은 현명하다고 할 수 없다. 이때 고민하는 그에게 '일단 회사를 그만두는 게 어때?', '움직이지 않으면 아무것도 변하지 않아', '실패하면 그때 다시 생각하면 되지'라고 얼마든지 답은 줄 수 있다. 하지만 자신이 어떻게 해야 할지 결정하지 못하는 사람, 그 단계에서 생각할 수 없는 사람은 일어날 상황에 어떻게 대처해야 할지 고민조차 하지 못한다. 그렇기에 일단 시도 해 보라는 말은 사람에 따라 매우 폭력적인 조언이 될 수도 있다. 치과 수술도 마찬가지다. '일단 해보자. 해보고 안 되면 그때 다시 생각하자'라고 할 수 없지 않은가? 모든 리스크를 염두에 두고, 그 해결책을 검토해야 한다. 만약 그래도 불가능하다면 다른 병원으로 옮기는 상황까지 생각해야만 수술을 시작할 수 있다.

이는 인생의 모든 상황에서도 마찬가지다. '내가 만약 무언가를 잃는다면 그 요인은 무엇일까?', '무언가를 잃었을 때 대비해야 하는 것은 없을까?'하고 미리 생각하는 것이다. 리스크를 관리한 후, 각오를 다질 수 있는지 없는지의 문제다. 얻는 것은 무엇인가? 잃는 것은 무엇인가? 그것을 명확하게 하고, 얻는 것이 더 많다면 그 방향으로 나아가면 되는데, 말처럼 쉽지 않다는 것을 우리는 너무 잘 알고 있다. 그래서 망설임을 끊어 내지 못하는 사람에게는, 스스로를 몰아붙이기 위한 '자문자답'을 추천한다.

  - 회사를 그만두고 싶으면, 그냥 사표를 던져!
  - 아니, 그건 좀…….
  - 왜?
  - 자신이 없어.
  - 자신이 없다니, 무슨 의미야?
  - 인맥도 얕고 좁은 데다가, 경제적인 문제도 있어.
  - 그러면 회사에 다니면서 인맥을 쌓고, 돈을 모으는 방법밖에
    없잖아.
  - 그야 그렇지만…….
  - 자신이 없으면, 자신감부터 키워야겠네.
  - 그렇네. 지금은 퇴사 타이밍이 아니라는 거구나.

  스스로 질문하고 대답하면서 진정한 자신의 속마음을 알 수
있고, 동시에 현실을 바라볼 수두 있다. 이런 자문자답을 습관
화하는 것이 인생의 균형을 맞추는 것으로도 이어진다. 그리
고 마침내 미라클 모먼트에 도달하기도 수월해질 것이다.

일

가정

두 마리 토끼를
잡을 순 없을까?

두 마리 토끼를
잡을 순 없을까?

일과 가정,
각각의 균형을 생각하라

이 책의 큰 주제는 '인생에서의 균형'이지만 그중에서도 일과 가정의 균형을 고민하는 사람이 특히 많을 것이다. 일과 가정의 균형을 맞추고 싶다면, 일과 가정을 나누어 각각의 균형을 조정하는 것부터 시작하자. 일에서 자기만의 균형을 찾고, 가정에서의 '나'의 균형을 고민하는 것이다. 중요한 것은 '자기만의'라는 점이다. 업무가 힘들다고 느끼는 끓는점에는 개인차가 있기 때문에, 모두 한꺼번에 일률적으로 다룰 수는 없다. 또한 상황에 따라 우선순위가 달라질 수도 있다. 예를 들어 나는 이제 학창 시절처럼 공부하라고 해도 할 수 없다. 나이가 드니 체력이 떨어지고 그에 따라 집중력과 기억력도 저하되는 것을 느낀다. 그러면서도 모든 일을 깊이 이해한다는 점에서는, 지금이 더 낫다고 생각한다.

지금의 나이가 아니면 할 수 없는 일에도 개인차는 있다. 시간이 지날수록 나에게도 한창 열심히 할 때는 밤을 새우며 서류를 작성하거나 휴일도 반납하고 거래처 사람을 만나는 등 무리를 해야만 하는 경우가 생겼다. 하지만 어쩔 수 없다. 일을 하는 이상, 그럴 때가 있다는 것은 어느 정도 받아들여야 한다.

중요한 것은 시간이 아니라
'최선을 다해 마주할 수 있는가?'

어쩔 수 없다는 것을 인지한 다음, 가정과의 균형을 생각해보자. 이런 과정을 생략하면 휴일을 일로 채워야 하는지, 아니면 가족과 시간을 보내야 하는지 고민하게 된다. 미리 고민하지 않는다면 가족과 외출했을 때에도 온통 신경이 일에만 쏠려 온전히 즐길 수 없었다는 둥 균형을 조정하지 못한 채 이도 저도 아닌 시간을 보내고 말 것이다.

나는 시간과 양量에 관해 생각함으로써 나만의 균형을 맞추는 데 성공했다. 현재 나는 월요일부터 금요일까지는 홋카이도 오비히로에서 치과의사로 일하고, 주말에는 금요일 밤 기차를 타고 도쿄로 가, 강연이나 출간 회의, 세미나, 집필 활동 등을 하는 이중생활을 하고 있다. 자기계발과 관련된 활동을 하고 싶다고 생각하기 시작할 무렵에는 몸이 두 개였으면 좋겠다고 바라기도 했다. 하지만 어떻게든 두 가지 일을 양립하고 싶다고 생각하던 차에, 순간 머릿속에 가족의 본질에 관해 다시 한번 생각해보자는 번뜩임이 스쳤다. 그 결과 '중요한 것은 가족 모두가 함께 사는 것이 아닌, 진심으로 온 힘을 다해 가족을 생각하는 마음이 아닐까?'라는 생각에 이르게 되었다.

인생은 '얼마나 살았는가?'보다 '어떻게 살았는가?'가 더 중요하다. 가족과 보내는 시간도 마찬가지로, '시간이 짧아져도 에너지가 응축되어 있다면 괜찮지 않을까? 오히려 충실도가 더 높아지지 않을까?'하는 생각이 들었다. 주변 사람들은 가끔

'그래도 사모님께서 이해해 주셨네요'라는 말을 한다. 하지만 그건 내가 강제로 밀어붙인 이야기가 아니다. 나는, 가족들에게 강연 내용에 관한 의견을 구하거나 도서 출간의 상황을 공유하는 등 나의 꿈에 대한 가족의 응원과 의견을 받으며 지내고 있다.

'주말에는 도쿄에서의 업무에 집중한다'라는 미션을 실현하기 위한 방법을 고민했더니, 아이디어가 떠올랐다. 그리고 그 아이디어를 순순히 따랐더니 환경이 조성되었다. 다시 말해 잠재의식을 활용한 것인데, 가장 효과적인 방법은 '자기계발을 통해 사회에 공헌하고 싶다'라는 꿈을 가족들에게 당당하게 밝히는 것이었다. '말'이라는 에너지가 기적의 순간에 미치는 힘은 절대적이다.

자유

x

자립

자유롭게 살고 싶다면
나만의 틀로 자립한다

자유롭게 살고 싶다면
나만의 틀로 자립한다

'자유'란
책임을 지는 것

사람은 누구나 자유롭게 살고 싶어 한다. '자유'란 도대체 무엇일까? 단순히 자신이 생각한 대로 행동하는 것은 자유가 아니다. 오히려 자유에는 책임이 따르며, 자유롭기 위해서는 각오가 필요하다.

임플란트 치료를 시작할 당시 나는 내 기술에 자신이 없었다. 그래서 기술이 뛰어난 선생님을 모시거나 친구들의 도움을 받았다. 그렇지만 이제는 내 이름을 걸고 시작한 병원인 만큼 뭔가 문제가 발생했을 때 내가 책임을 지지 않으면 안 된다고 생각했다.

다른 사람이 한 일에 책임을 지는 것은 참 난감하고 석연치 않은 일이다. 그에 비해 자신이 한 일에는 반드시 책임이 뒤따라야 한다. 그런 생각이 본격적인 자립의 시작이 아니었을까? 스스로 책임진다는 것에 고독이 크게 다가왔지만 그로부터 도망가고 싶다고 생각하는 게 아니라, 오히려 고독을 받아들이기로 마음먹은 것일지도 모르겠다. 나는 그러면서 자유로워졌음을 실감했다. 누군가에게 의지할 때 가지고 있었던 '이 사람이 없어지면 어쩌지?'라는 불안감이 사라졌고 오히려 마음이 굉장히 가벼워졌다. 동시에 지식과 기술도 함께 늘어 환자들을 편하게 대할 수 있게 되었다.

나는 환자를 볼 때 건강 상태와 일, 가정환경, 경제 상태, 가치관 등을 파악한 다음 신뢰 관계를 구축하여 그에게 적합한 치료를 한다. 나의 책임으로 환자는 원하는 건강을 되찾을 수 있다. 환자의 웃는 얼굴을 볼 때마다, 병원을 시작하면서 내세운 '치료를 통해 사회에 공헌하고 싶다'라는 미션에 점점 가까워지고 있음을 실감하고 있다.

제 발로 걸어갈
인생 각오를 다진다

잠재의식과 소망 실현에 대해 배우기 시작한 뒤로, 자립하기로 마음을 먹으면 소망이 이루어지는 사례가 많다는 것을 알게 되었다. '자립'은 곧 자기 축을 가진다는 의미다. 자기만의 축이 생기면 고독을 느낄 수도 있겠지만, 자립은 고독을 각오하는 것이기도 하다. 고독이 불행하다는 편견을 뒤로 하자. 사람은 비로소 고독하기에 혼자 생각하고 고민하여, 길을 개척해 나갈 수 있는 게 아닐까?

  기대는 자신이 제멋대로 그린 망상에 불과하다. 제임스 알렌은 저서 《원인과 결과의 법칙》에서 '나약함은 애초에 이기적인 욕망에서 나오는 것이다'라고 말하며, '우리는 스스로의 마음을 갈고 닦아야만 극복하고 상승하고 달성할 수 있다'라고 덧붙이고 있다. 우선은 이기적 욕망인 망상을 끊어 내고 모든 일을 현실적으로 인식해보자. 그러면 세상이 다르게 보일 것이다. 남에게 의지하는 사람은 성장할 수 없다. 누구든 자기 일만으로도 너무 벅차므로, 어쩌면 당연한 말이라고 생각된다. 그럼에도 다른 사람에게 의지하는 습관에서 벗어나지 못해 '부모가 아무것도 안 해준다', '친구가 힘이 되어 주지 않는다'라며 실망하는가? 기대가 크면 실망도 큰 법이다. 기대하지 않으면 불필요한 감정을 품지 않고, 눈앞의 일에 집중할 수 있다. 그러다가 다른 사람의 도움을 받을 때 더 큰 감사의 마음이 샘솟을 것이다.

분노와 감사는 다르다. 감정은 말과 행동에 드러나고 사람 사이 관계에 영향을 미쳐 운명으로도 이어진다. 인생은 아주 사소한 사건이 발단되어 상황이 나빠지기도 하고 좋아지기도 한다. 자신의 감정을 어떻게 관리할 것인지가 인생을 개척하는 열쇠라고도 할 수 있다. 그러므로 어떤 일이 있어도 '자기 축'으로 살아가자고 굳게 마음을 먹고 기적으로 나아가자.

직감

경험

경험 많은 사람이
직감에 더 뛰어난 이유

경험 많은 사람이
직감에 더 뛰어난 이유

직감은

생각보다 믿을 만하다

인생은 선택의 연속이다. 중대한 결단을 내리는 경우는 물론,
일상 속 모든 장면에서 전화를 지금 할지, 내일 할지 아니면 버
스를 탈지, 지하철을 탈지 같은 여러 가지 망설임의 상황이 펼
쳐진다. 단순한 선택도 인생의 중요한 결과로 이어지는 경우
가 있다. 그때 전화하지 않았다면 성공으로 이어질 타이밍을
놓칠 뻔했다거나, 만약 버스가 아닌 지하철을 탔다면 탈선 사
고에 휘말려 목숨을 잃을 뻔했다는 이야기도 심심찮게 들린

다. 우리에게도 시간이 흐르고 보면 자신의 직감이 옳았다고 가슴을 쓸어내릴 만한 일이 있지 않았는가?

나의 신조는 '모든 일을 이론적으로 파악하고, 자신의 환경과 세상의 움직임을 바탕으로 숙고하고 전진하자'다. 하지만 어떤 일이든 마지막에는 직감으로 결정한다. 결국엔 감이냐고 코웃음치는 사람이 있을지도 모르지만 내게 '직감'과 '감'은 다르다. 직감이 인생의 경험에서 탄생하는 데에 비해, 감은 근거 없이 어림짐작하는 감각이라고 생각한다. 예를 들어 나란히 붙어 있는 카페 A와 B 가운데 카페 A를 선택했을 때, 카페 A와 B의 차이점은 무엇일지 하나하나 생각하지 않는다. 하지만 A를 선택한 이유는 직감이다. 깔끔한 카페 A의 외부 인테리어 때문에 깨끗한 가게가 마음에 든 적이 많았다는 경험을 활용한 것. 정확하게는 잠재의식 속에 새로 생긴 가게가 좋다는 정보가 있었던 것이 아닐까?

경험을 쌓는 것,
인생의 폭을 넓히는 것

잠재의식은 사람이 경험한 일에 필터를 씌워 좋은 일과 나쁜 일을 구별해 기억한다. 우리가 무의식중에 갖추는 정보의 양은 매우 방대하다. 여기에서 중요한 것은 경험치가 높을수록 직감이 뛰어나다는 점이다. 한 번은 내게 사업을 하고 싶다는 이가 상담을 요청해 왔다. 인생의 경험치가 높은 사람에게는 자신의 직감을 따르라고 권한다. 하지만 인생의 경험치가 낮은 사람에게는 조금 더 경험을 쌓은 다음 결정하는 것을 조언한다. 이때 경험치의 높고 낮음은 나이와 비례하지 않는다. 일한 경험이 없는 50대가 사업을 시작하는 것은 무모하다. 반면 나이는 젊더라도 사회에서 이리저리 치이고 부딪힌 경험이 있는 사람은 성공할 가능성이 높다. 젊을 때일수록 다양하게 경험해 보라는 데에는 다 이유가 있다.

일이나 비즈니스에서 '강점을 활용하라'는 말을 종종 들어본 적 있는가? 이는 어느 정도 경험을 쌓은 사람에게는 해당하는 말이지만, 경험이 적은 대부분의 20대에게는 크게 필요가 없는 말이다. 젊을 때는 호기심을 가지고 다양하게 도전해 나가는 것이 중요하다. 그 시기에 자신의 강점만을 살리려고 하는 것은 인생의 폭을 좁아지게 한다. 일단 처음에는 일단 호기롭게 다양한 경험을 쌓아 나가다 보면 자신에게 정말 중요한 것은 무엇인지가 보일 것이다. 그리고 그것을 차근차근 자신의 강점으로 바꾸어 가면 된다.

자신의 삶에 역경과 고난뿐이라고 느껴져도 낙담하지 마라. 살아가면서 만나는 역경과 고난은 반드시 인생의 폭을 넓혀 줄 것이다. 나이와 상관없이 어떠한 불편함도 겪지 않고 자란 사람보다 경제적으로 어렵게 자란 사람이 경험치가 더 높다. 인간관계에서 갈등을 겪어본 적이 없는 사람에 비해 인간관계의 어려움을 아는 사람이 경험치가 더 높다. 경제적으로 유복하지 않던 어린 시절이나 실연, 질병, 이혼, 사랑하는 사람과의 사별도 그 사람의 경험치를 높이는 데에 직결된다.

마찬가지로, 풍족하지 않은 환경에서도 서로 도와가며 사는 것이 중요하다는 깨달음, 인간관계 회복에 성공한 후의 안도감, 사랑이 이루어졌을 때의 기쁨, 병을 극복했을 때 싹트는 희망……. 희로애락을 통해 얻은 경험이 잠재의식 안에서 유기적으로 통합되면서 그때그때 필요한 형태로 나타날 것이다.

큰 결단을 내려야 할 때일수록 긴장되는 것은 당연하다. 하지만 사업을 시작하고 싶을 때, 그 사람의 내면을 들여다 보면 지금이 적기인지 아닌지를 감각적으로 판단할 수 있다. 그 감각적인 번뜩임이 바로 직감이다. 지금이 타이밍이라고 직감했다면, 누구와 함께해야 성공 가능성이 커지는지, 무엇부터 시작해야 하는지, 문제가 발생하면 어떤 해결 방법이 있는지 등을 떠올려 봐라.

꾸준히 경험을 쌓아 나가면서 직감을 갈고 닦아라. 사회에서 좋은 일과 나쁜 일을 모두 겪으며 사물의 이치를 깨닫고, 많은 사람을 만나 다양한 가치관이 존재한다는 것을 이해하는 과정이 필요하다.

자기 신뢰

x

자기 책임

모든 것을 '자기 책임'이라고 할 때
문이 열린다

모든 것을 '자기 책임'이라고 할 때
문이 열린다

일이 잘 풀리지 않는 이유는
진정한 소망이 아니기 때문이다

줄타기 공연을 하는 고수들은 '무조건 괜찮다!'라는 믿음만으로 줄을 건넌다. 운이 안 좋으면 강풍이 불어 균형을 잃으면서 줄에서 떨어질 수도 있지만, 떨어질지도 모른다는 생각은 애초에 하지 않는다. 인생도 마찬가지다. 스스로 괜찮다고 믿을 수 있는 사람이 승리한다. 그 사람의 사고가 긍정적이든 부정적이든 잠재의식으로는 판별할 수 없다. 잠재의식은 그저 그 사람의 사고를 받아들여 작용하기 시작한다. 잠재의식은 기적을 품고 할 수 있다고 믿는 사람의 사고에는 기적이 이루어지는 결과를 끌어온다.

　기업의 창업주나 사회적으로 큰 성과를 올린 사람 중 대부분은 근거 없는 자신감을 갖는 경우가 많다. 그들은 자기 신뢰의 효과를 믿기 때문이다. 반면 끌어당김에 실패하는 사람의 상당수는, 소망을 품고 있어도 머뭇거리면서 출발한다. 이들은 원래 자신이 해야 하는 행동에도 소홀해진다. 심지어 행동해야 한다는 발상까지 이르지 못할 때도 있다. 그나마 이들 중 일부는 행동하지 않으면 안 된다는 것을 깨닫고 행동으로 옮기지만, 현실의 벽에 부딪혀 좌절하고 만다.

　그보다 먼저 생각해보자. 나는 자기 신뢰의 효과를 믿고 있는가? 그보다 이 소망이 진정으로 내가 원하는 소망인가? 마음에서 우러나오는 소망이 아니라면 얼마 안 가 소망 자체를 아예 잊어버리거나 도중에 단호하게 마음을 접어도 크게 후회가 남지 않는다. 하지만 진심으로 간절하게 바라는 소망이라면 당신은 쉽게 포기할 수 없을 것이다. 이처럼 포기할 수 있는지의 여부는 진정한 소망인지 아닌지를 판별하는 지표가 된다.

어린 시절 큰 병으로 고생하며 의사가 생명을 구해준 경험이 있어 의사를 꿈꾸는 사람은, 꿈에 대한 신념의 강도가 달라진다. 강렬한 동기가 가져다주는 확고한 동기부여 그리고 자신이 지금까지 걸어온 삶으로 증명된 사명감이 흔들림 없는 자기 신뢰를 만들어주는 것이다.

내가 끌어당긴
나의 운명을 인정하자

그러나 자기 신뢰만으로는 오만해지기 쉽다. 또 하나 중요한 것은 눈앞의 상황이 어떻든 자신이 만들어낸 현실, 즉 자기 책임이라고 생각할 수 있는가다. 만약 시험에서 떨어졌을 때 대부분은 '다음에도 떨어지면 어떡하지?', '다음에도 안 될 거야'라며 의기소침해진다. 이때 필요한 것은 의식 전환이다. 떨어질 수도 있다는 생각 위에 생각을 덮어쓰는 것이 아니라, 일단 부정적 가치관을 지워버리고 새로운 긍정적 가치관을 주입해보라. 만약 부정적 가치관 위에 생각을 덮어쓰는 방법을 택한다면 결국 '가정환경이 나빠 공부에 집중할 수 없었다'라든가

잘 파는 사람은
물건이 아니라 이야기를 판다!

무조건 팔리는 심리 마케팅 기술 100
▶ 단번에 매출을 200% 올리는 설득의 심리학

무조건 팔리는 스토리 마케팅 기술 100
▶ 사람의 마음을 100% 움직이는 공감의 브랜딩

'심리기술'을 알고, '스토리기술'을 사용하면 매출이 2배로 �뛴다

어른의 외국어 공부는
달라야 한다!

긴 인생을 위한 짧은 영어 책
긴 인생을 위한 짧은 일어 책

영어 박혜윤 저 | 224쪽   일어 김미소 저 | 208쪽

**평생 가는 외국어 공부는 어떻게 가능한가?
그 공부는 우리 삶을 어떻게 바꾸는가?**

▷ 퍼듀대 박치욱, 전남대 백승주 교수.
정김경숙 전 구글 디렉터, 이다혜 씨네 21 기자 추천

오십부터는 왜 논어와
손자병법을 함께 알아야 하는가

모리야 히로시 저 | 김양희 역 | 272쪽

나이 먹도록 세상을 몰랐다

왜 자꾸 후회하는가? 실수를 반복하는가?
하나로는 부족했기 때문이다!
논어와 손자병법을 함께 읽어라.

▷ 동양 고전해설의 일인자

인스타 브레인

안데르스 한센 저 | 김아영 역 | 296쪽

몰입을 빼앗긴 시대, 똑똑한 뇌 사용법

하루 2600번 핸드폰을 만지는 동안
우리 뇌의 회로가 변하고 있다!

▷ 21개국 판권 수출된 세계적 베스트셀러

가장 쉬운 독학
미국회계사가 쉽게 설명해주는
미국주식 투자 첫걸음

한명호 저 | 456쪽

소중한 내 돈, 함부로 투자할 수 없다!

숙련된 미국회계사에게 제대로 배우는
미국주식 투자의 정석

▷ 국내 최초 미국 11개 섹터 22개 기업 재무제표 분석

단순하게 몰입한다는 것

캐서린(윤지숙) 저 | 280쪽

**몰입하면 시시한 현실 따위
보이지 않는다**

불안하고 막막하다면 단순하게 몰입해보라
왼쪽에서 닫힌 문이 오른쪽으로 열린다

▷ 3번의 세바시 무대, 4만 번의 상담으로 깨달은 것들

부자아빠의 돈 공부

이용기 저 | 244쪽

김승호 회장의 한국사장학교 수료!

"사람에게 가장 큰 상처는 빈 지갑이다"
그러니 아들아, 꼭 부자가 되어라!

▷ 200억 부자아빠가 아들에게만 알려주는
재테크의 비밀 33

블로그 글쓰기는
어떻게 삶의 무기가 되는가

로미, 신은영, 윤담, 주얼송 저 | 304쪽

**특별해서 쓰는 것이 아니라
쓰면서 특별해진다**

글도 못 쓰는데, 블로그 시작해도 될까요?
"하루 30분, 나에게 집중하는
시간이면 충분합니다"

▷ 부와 운을 끌어당기는 '글쓰기 매직'

무조건 팔리는 카피

글렌 피셔 저 | 박지혜 역 | 368쪽

**좋은 느낌 말고,
판매가 진짜 목표다!**

홈쇼핑 광고처럼
전단지 광고처럼
즉각 매출을 올리는 무기 12가지

▷ 마케팅 분야 '직접 반응 카피'의 대가

무조건 팔리는
카피 단어장

간다 마사노리, 기누타 준이치 저 | 이주희 역 | 256쪽

20년 동안 베스트 상품 광고에 쓰인 카피 2000

유튜브, 인스타, 블로그, 각종 sns에서
이 카피만 따라 써도 무조건 클릭한다!

▷ 마케팅의 신 간다 마사노리의 대표작

자연스러운 인체 드로잉

소은 박경선 저 | 280쪽

인체를 자유롭게 그릴 수 있도록 안내하는 핵심 강의

인체를 그리기 위해 방대한 정보를 모두 알 필요는 없다.
'인체'와 '해부학' 핵심을 한 권에!

▷ 3년 연속 베스트셀러

자연스러운 포즈 드로잉

소은 박경선 저 | 432쪽

360° 어떤 각도에서도 인체를 완벽하게 이해하는 포즈 드로잉

360° 모든 방향에서 그리는
인체의 도형화 그리고 해부학까지
그리고 싶은 포즈의 움직임을
이론으로 제대로 담았다.

▷ 베스트셀러 『자연스러운 인체 드로잉』 후속작 출간!

리니의 펜 드로잉 클래스

리니 저 | 368쪽

펜 드로잉 초심자를 위한 가장 친절한 입문서

펜 하나로 시작하는 나만의 특별한 취미.
소소한 일상과 오래 간직하고픈 여행의 순간을
기록하는 펜 드로잉·어반 드로잉의 매력!

▷ 클래스101 펜 드로잉 부분
　5년 연속 베스트 1위 강사의 최신작

90일 밤의 클래식

김태용 저 | 384쪽

**하루의 끝에 차분히 듣는
아름다운 고전음악 한 곡**

음악 감상을 더 즐겁게 해줄 '감상 팁'과
바로 볼 수 있는 연주 영상 'QR코드'까지
꼼꼼하고 확실한 클래식 감상 가이드북!

▷ 클래식 음악 전문 기획자인 용작가 대표작

90일 밤의 미술관 _ 시리즈

이용규, 권미예, 명선아, 신기환, 이진희 저 | 416쪽
(루브르 박물관 편) 이혜준, 임현승, 정희태, 최준호 저 | 496쪽
(이탈리아 편) 김덕선, 김성희, 유재선, 이영은 저 | 516쪽

하루 1작품 내 방에서 즐기는 유럽 미술관 투어

90일 밤의 우주

김명진, 김상혁, 노경민, 신지혜, 이우경, 정태현,
정해임, 홍성욱 저 | 498쪽

잠들기 전 짧막하게 읽어보는 천문우주 이야기

"낯설던 것은 낯익게, 낯익던 것은 낯설게,
온 우주가 새로이 다가온다."
_ 천문학자 심채경 추천

▷ 2023 세종도서 교양 부문
▷ 2023 올해의 청소년 교양도서

'학원 선생님이 제대로 가르쳐주지 않았다'같은 핑곗거리를 찾게 될 것이다. 이 경우 당신의 잠재의식은 의욕을 완전히 잃어버리게 된다. 잠재의식은 자기 책임이 없다고 받아들이면, 당신의 소망을 '진정한 꿈'이라는 폴더에서 '그렇게 중요하지 않은 꿈' 폴더로 옮겨버릴 것이다. 나 역시 '왜 이렇게 계속 문제가 발생할까?'라며 한탄하고 싶을 때도 있지만, 그때마다 내게 일어나는 일은 모두 내 책임이라고 인정함으로써 냉정을 되찾을 수 있었다. 내가 스스로 끌어당긴 문제이므로 절대 다른 사람의 탓으로 돌려서도 안 되고, 내가 해야 하는 일을 다른 누군가에게 떠넘겨도 안 된다고, 나는 지금도 매일매일 스스로에게 말해주고 있다. 이것이 자기 책임이다.

가끔은 시간이라는 현실적인 제약에 걸리게 될 수도 있다. 고민에 고민을 거듭한 결과, 나는 떡은 떡집이 제일 맛있다는 결론에 이르게 되었다. 예를 들어 책을 만들 때 내용은 나의 책임이지만 편집이나 표지와 본문 디자인 등에 관해서는 편집자의 의견을 존중한다. 심도 있게 배우고 많은 경험을 쌓아온 전문가의 힘을 빌리지 않을 수 없다. 자기 책임을 지님과 동시에 다른 사람을 믿는 힘을 갖출 때, 이것을 바로 호랑이 등에 날개를 단 격이라고 말할 수 있지 않을까?

'말'이라는
에너지가 미치는 힘은
절대적이다.

무력함

신중함

신중함은
무력함에서 탄생한다

신중함은
무력함에서 탄생한다

인간은 고민하며
앞으로 나아간다

철학자이자 물리학자인 파스칼의 명언 가운데 '인간은 생각하는 갈대'라는 말이 있다. 이는 인간이 대자연 속 나약한 갈대와 같지만 생각할 수 있는 존재라는 의미다. 파스칼은 이 말로 생각하는 행위의 고귀함을 가르쳐준다. 그와 동시에 나는 인간의 나약함을 인정하는 것의 중요성에 관해 생각해보고자 한다.

인간의 무력함을 인정하는 것에서부터 시작된다면, 실패야

말로 문제를 해결하고 삶의 균형을 맞추기 위한 기회라고 할수 있지 않을까? 약점 속에 강점이 있다고 생각하면, 그래도 인생은 꽤 살 만하다.

다시 말해 신중함은 무력함에서 탄생한다. 사람마다 무력하지만 실력을 기르고 싶다고 생각할지, 아니면 무력하기에 포기할 것인지를 마주하는 갈림길이 있다. 잠재의식은 당연히 실력을 기르려고 생각하는 이에게만 힌트와 힘을 준다. 이 또한 소망을 꿈꾸며 무턱대고 힘을 얻으려고 기를 쓰는 게 아니라, 일상에서 일어나는 일을 필연적으로 받아들이고 삶의 가치로 바꾸어 나가는 것이 중요하다.

잠재의식은 분명히 기억의 저장고에서 필요한 정보를 추출해 우리에게 알려줄 것이다. 여기에서 말하는 기억이란 그 사람의 과거 기억뿐만 아니라, 우주가 창조된 이래 이어져 내려온, 모든 인류에게 공통된 기억을 말한다. 조셉 머피가 '모든 사람에게는 무한한 에너지, 무한한 가능성이 주어져 있다'라고 반복해서 말하는 이유가 여기에 있다.

인생이라는 퍼즐에
어떤 조각을 끼울 것인가

미라클 모먼트에 가까워지기 위해서는, 신중함을 몸에 익혀야
한다. 항상 주변 상황을 냉정하게 판단하여 몇 가지 선택지를
이미지화하고 그 가운데 최선의 선택지를 골라내는 습관을 들
여라. 그러기 위해서는 자신이 생각하는 이상적인 삶을 명확
하게 그린 다음, 우선순위를 고민하는 과정을 빼놓을 수 없다.
인생이라는 제한된 시간 속, 어디에서 무엇을 할 것인가? 이것
을 생각하지 않으면 분명 할 수 있었던 일도 불가능하게 될 것
이다.

　예를 들어 나는 머릿속으로 직소 퍼즐을 그려보고, 무엇을
우선시해야 하는지 고민한다. '여기까지 채우고 이 구역을 마
무리하자' 혹은 '다음에는 이 구역을 채우기 시작하자', 이런
식으로 말이다. 인생 전체를 아우르는 퍼즐은 당연히 일, 가정,
인간관계, 돈, 건강과 같은 카테고리별 퍼즐도 있고, 세부적으
로는 의사로서의 일과 자기계발 등 각각의 퍼즐이 있다. 그것
들을 필요에 따라 머릿속으로 떠올려 보면 지금 해야 할 일이
명확해진다.

인생의 퍼즐 조각이 언제나 딱 맞지는 않겠지만, 그것은 자연스러운 흐름이다. '이 부분을 먼저 맞추면 좋았을걸'하고 생각해 봤자 달라지는 것은 없다! 후회는 생략하고 다음 퍼즐을 찾으며 의식을 항상 미래로 두어라. 종이에 쓰는 방법도 괜찮고, 컴퓨터를 이용해 그래프로 만들어도 좋다. 중요한 것은 어떤 방법이든 시대를 보고 사회를 살피며 앞으로의 상황을 예측하면서 자신을 바라보아야 한다. 그다음 몸가짐과 행동을 생각하는 것이다. 포인트는 꿈꾸고 있는 미래에만 초점을 맞추지 않는 것. 미래에 이 구역의 퍼즐을 채우고 싶으면, 지금 어디에 조각을 끼워 넣느냐가 중요하다. 인생은 '지금을 어떻게 살 것인가?'의 축적이라는 사실을 잊으면, 그저 탁상 위 공론으로 끝나고 말 것이다. 과거에 어떠한 대단한 업적을 이루었어도, 과거는 과거일 뿐 현재 상황이 어떻든 미래가 약속되어 있지 않다는 것을 기억하라. 물론 과거의 성공 경험이 자신감으로 이어지고, 실패 경험이 트라우마가 되는 것은 명백한 사실이다. 하지만 자신감이 지나쳐 과신이 되어버리면 자기가 자신의 무덤을 파게 될지도 모른다. 실패했다고 할지라도 다시 일어나 쓰라린 경험을 발판 삼아 분발한다면, 반격뿐만 아니라 놀라울 정도의 비약도 충분히 기대할 수 있다. 행운은 불행의 씨앗이며, 불행은 행운의 씨앗이다. 그렇게 생각하면 성공도, 실패도 없다. 나는 그렇게 생각하면서 마음이 많이 편해졌다.

이런 이야기를 통해 당신이 무엇을 느끼고 얼마나 이해할지 나는 잘 모른다. 나는 나 자신을 돌아보면서 하나씩 하나씩 단계를 높여왔다. 처음에는 본질을 모르고, 자기 확언affirmations 등 잠재의식을 활용하기 위한 기술에 집착하던 시기도 있었다. 하지만 생각만으로는 현재 상황이 달라지지 않고, 고난을 극복할 수 없다는 결론을 얻었다. 잠재의식의 힘을 최대한 끌어내기 위해서는 제일 먼저 현재의식, 즉 자기 머리로 철저하게 생각하는 것이 제일 중요하다.

역사에 남을 엄청난 발견도 어느 날 순간적으로 떠오른 아이디어였던 경우가 많다. 마치 뉴턴의 사과처럼 특별하지 않은 일상의 흔한 풍경이나 현상에서 번뜩이는 아이디어가 당신에게도 떠오를 수도 있다. 이는 모두 깊이 생각했기에 잠재의식이 발동한 것이지, 아무것도 하지 않고 명상만 하다가 아이디어가 떠오른 것은 아니다.

이루는 것

X

내려놓는 것

꿈과 욕심의 차이를 알면
휘둘리지 않는다

꿈과 욕심의 차이를 알면
휘둘리지 않는다

끝없는 소망에
휘둘리지 않기 위한 지혜

세미나에서 종종 꿈과 욕심의 차이에 관해 질문을 받는다. 나는 꿈과 욕심은 똑같다고 생각한다. '꿈은 가져도 괜찮지만, 욕심을 가져서는 안 된다'라는 말은 어디에도 없다. 야심도, 향상심도 모두 욕심이기 때문이다. 어떤 소망을 그리든 자유다. 다만 스스로에게 '그 소망을 실현하면 인생이 충만해질까?'라고 물어볼 필요가 있다.

　예를 들어 결혼을 꿈꾸던 여성의 소망이 실현되었다. 그리고 나면 이번에는 배우자가 출세하기를 바란다. 좋은 집에서 살고 싶다, 아이를 갖고 싶다, 자녀를 유명 사립학교에 보내고 싶다…… 등 점점 소망이 늘어나게 된다. 결국 그는 항상 소망을 뒤쫓아가며 살아가게 된다. 다시 말해 소망에는 끝이 없다. 그것이 과연 진정으로 그가 원하던 인생일까?

삶의 균형을 맞추기 위해서는 행복만 생각해서는 안 된다. 고난을 헤쳐나가는 기술과 방법에 관해서도 생각해 두어야만 한다. 또한, 아직 오지 않은 미래에 '이렇게 되고 싶다'라는 바람은 괜찮지만 '이렇게 되어야만 한다'라고 단정해 버리면 오히려 그 소망은 실현되기 어려워진다. 자신도 모르게 계획대로 되지 않을 수도 있다는 불안감과 두려움이 생기고 그 생각이 현실에까지 이어질 수도 있다. 잠재의식을 활용할 때 집착하면 안 되는 이유가 바로 이 때문이다. '이렇게 되고 싶다'라는 바람으로 마음이 설레는 한편, '이렇게 되어야만 한다'라며 고집을 부리다가 아찔해지는 상황은 잠재의식의 브레이크와 액셀을 동시에 밟은 상태와 같다.

집착을 내려놓되
소망은 포기하지 마라

소망을 이루기 위해 어느 정도의 고집은 필요하지만, 집착을 내려놓을 수 있어야 한다. 집착을 내려놓으면 관객의 시선에서 영화 속 등장인물을 바라보는 듯 객관적인 파악이 가능하다. 이 또한 마음의 여유와 너그러움에서 나오는 것이다. 우주의 '작용 반작용의 법칙'에 따라 억지로 나아가려고 하면 할수록 역효과가 난다는 점을 마음에 새기고, 집착을 내려놓는 것이 좋다.

물론 집착을 떨쳐내기란 결코 쉽지 않다. 몸을 움직이거나 책을 읽는 등 다른 데 몰두하면 집착을 떨쳐낼 수 있지 않을까? 무언가를 꾸준히 하다 보면 자연스럽게 집착은 희미해질 것이다. 집착을 내려놓는 것은 포기가 아니다. 진심으로 이루고 싶은 소망은 포기하지 않고 믿고 실현하면 된다. 그리고 모든 집착이 나쁜 것도 아니다. 소망을 이루기 위해 지금 할 수 있는 일에 집중하는 것은 '좋은 집착'이다. 해야 할 일을 한다는 것은 진지하게 고민한 가치 있는 행동을 끝까지 해내는 것이다. 오랜 시간 발효하지 않으면 감칠맛이 올라오지 않는 김

치처럼 객관적인 시선으로 현재 상태를 바라보자. 그리고 타이밍을 기다리다 보면 기적의 순간은 내게 다가와 있을 것이다.

변화

감각

변하고 싶다면
자신의 감각을 지표로 삼는다

변하고 싶다면
자신의 감각을 지표로 삼는다

호기심이 보내는
신호를 잡아라

나는 과거에 그렸던 비전 속 미래의 내 모습에 점점 가까워지고 있다. 그 비결을 묻는다면, 나는 호기심이 따르는 대로 행동했기 때문이라고 대답할 것이다. 호기심은 이상향을 크게 만들며, 소망을 실현한 자기 모습을 쉽게 상상하게 한다. 하지만 사람들은 호기심을 망상이라 치부하며 대부분 호기심을 굳게 봉쇄해 버린다. 굉장히 안타까운 일이 아닐 수 없다.

사실 잠재의식은 변화를 좋아하지 않는다. 잠재의식은 안정

지향적이다. 도전에 용기가 필요한 이유도 잠재의식이 현재의
식을 단단히 붙들고 있기 때문이다. 예를 들어 현재의식에서
는 이직을 생각하고 있어도, 잠재의식은 '지금 이대로도 먹고
살 수 있으니 이직하지 않아도 괜찮지 않아?'라고 속삭인다.
그래서 변화하려고 하면 할수록 위화감을 느끼게 되는 것이
다. 위화감이란 잠재의식의 저항이라고도 말할 수 있다.

그래도 소망을 실현하기 위해서는 이렇게 완고한 잠재의식
을 어떻게든 작동시켜야 한다. 이때는 위화감을 지표로 하여
위화감을 느끼지 않을 정도로 조금씩 변화를 주자. 갑자기 헤
어스타일을 금발로 바꾸는 것은 부담스럽지만, 원래보다 한
톤 밝아지는 정도라면 괜찮지 않을까? 이렇게 조금씩 조금씩
변화하면서 잠재의식을 조금씩 속여 나가는 것이다.

구체적으로 말하자면, 이직 면접을 앞두고 있을 때 아무런
준비도 없이 갑자기 면접을 가는 것보다는 관련 자료를 수집
해 살펴본다거나 그 회사에 근무하는 사람의 이야기를 듣는
것부터가 시작이다. 관련 도서를 살펴보면서 전문지식을 읽어
보고 먼저 자격증을 취득하는 것도 방법이다. 아무것도 하지
않고 꿈꾸는 시간만 길어지면 잠재의식은 '이대로가 좋다고
생각하는구나'라고 해석한다.

변화는
나로부터 시작된다

나는 자기계발을 통해 성공 철학을 전달하는 사람이 되고 싶다는 꿈이 있다. 처음에는 스스로 이 자리에 어울리지 않는다고 생각했지만, 구체적인 미션을 세우고 다양한 세미나에 참가하며 그리고 많은 사람을 만나면서, 서서히 이 자리에 있는 내 모습이 당연하게 느껴졌다.

　내게 익숙하지 않은 도쿄는 모든 것이 새로웠다. 매번 새로운 음식점에서 식사하거나 가본 적 없는 거리를 방문해 궁금한 가게가 있으면 들어가 보면서 도쿄에 익숙해졌다. 그리고 사소한 첫 경험을 쌓아 나가면서 더 이상 도쿄가 내게 특별한 장소가 아니라는 생각이 든 순간, 미션에 점점 가까워지고 있다는 확신이 들었다. 그 후 나는 매번 도쿄에 방문할 때마다 내게는 조금 과분할 수 있는 도쿄의 최고급 호텔에서 묵고 있다. 초반에 이용했던 비즈니스 호텔에서 계속 지냈다면 지금의 나는 없었을 것이다. 현실의 내가 어떻든 최고급 호텔에서 특별한 서비스를 받으며, 그곳에 머무르는 사람들과 만나고, 일류의 반열에 오른 듯한 기분을 맛볼 수 있다는 점이 컸다.

또 하나 아니면, 명품 시계 매장을 방문해 눈으로 보고 즐기는 것만으로도 충분하다. 어찌 됐든 자극을 받아 언젠가는 명품 시계를 살 수 있는 사람이 되겠다는 생각만으로도 나의 잠재의식은 이미 움직이기 시작했다. 나의 '이렇게 되고 싶다'라는 생각은 '이렇게 되는구나'로 바뀌어 있었다. 또 그 무렵 내가 만나고 싶다고 생각한 사람과 자연스레 만날 기회가 계속 생겼다. 한 번은 미술 전시회에서 만난 출판사 담당자와 이야기를 나누다가 의기투합하여 책을 출간하게 된 적도 있다.

또 한번은 후배의 권유로 갑작스럽게 딸기 따기 버스 투어에 참가하게 된 적이 있다. 이전 같았으면 바로 거절했을 것이지만 마침 업무에서 벗어나고 싶다고 생각하던 차였다. 딸기를 따고 딸기로 한 상 차려진 뷔페를 먹고 사원을 견학한 다음, 마지막에 빛 축제를 즐기는 일정이었는데 그런 기분은 처음이었다. 그동안 쉬지 않고 일만 해온 내가 인생을 더욱 즐기자고 마음먹은 순간, 잠재의식은 삶의 균형을 맞추는 방향으로 선회하기 시작했다는 생각이 들었다.

고민할 수 있는 인간은
행복하다.

시야를 넓히다

x

시점을 좁히다

아는 만큼 보이고
보이는 만큼 알게 된다

아는 만큼 보이고
보이는 만큼 알게 된다

자신이 모르는 세계를 경험하여
시야를 넓힌다

세계 수준의 치과 기술을 익히기 위해 뉴욕 대학에서 공부할 때, 나는 새로운 지식과 기술을 습득하는 데에만 집중했다. 하지만 어느 날 문득 주위를 둘러봤을 때 나는 세상에 인생을 즐길 줄 아는 사람들이 매우 많다는 사실을 깨달았다. 나와는 문화도 관습도 다르지만 그들은 휴일에 가족과 함께 여행을 가거나 고급 레스토랑에서 식사하며 다양한 문화를 적극적으로 접하고 있었다. 나는 그들과 대화를 나누면 나눌수록 그동안 정말 아무것도 모르고 있었다는 생각이 들었다. 누구나 다 아는 관광지나 유명 레스토랑에도 가본 적이 없다고 말하면, 사람들은 다들 깜짝 놀랐다. 나는 개인적인 실력을 키우는 것에만 집중했기 때문에 그런 분야에는 흥미도 없었고, 시간도 소비할 수 없다고 생각했다.

그런데 이토록 일에서의 성공을 추구하고, 성공 철학과 자기계발에 많은 돈을 쏟아부었는데도 불구하고 나의 세계는 한정적이라는 생각이 들었다. 이대로는 안 되겠다는 생각이 들었다. 그래서 학회 등을 위해 해외를 방문했을 때는 가급적 고급 호텔에서 숙박하고, 사람들이 어떤 레스토랑이 맛있다고 추천하면, 그들과 함께 반드시 방문했다.

나는 언제나 어떤 메뉴를 처음 접할 때는, 가급적 가장 좋은 풀코스로 즐기는 편이다. 딱히 고급스러운 식사만 하고 싶은 것은 아니지만, 알고 있는 것과 모르는 것은 전혀 다르다. '참게는 먹기도 귀찮고, 그렇게 맛있지도 않아'라고 말하는 사람에게, 요리를 먹어본 경험이 있으면 자신의 감상이나 생각을 확실하게 전달할 수 있다. 무엇이든 그 나름의 장점이 있는 법이다.

시야를 넓혀 의식이 높아지면, 진짜가 보이기 시작한다. 동네 보석 가게에서 할인해서 산 보석과 카르티에, 그라프, 해리 윈스턴 등 세계적인 브랜드의 보석은 역시 그 반짝임과 분위기가 전혀 다르다. 명품을 손에 넣으라는 말이 아니다. 어떤 것의 가치와 그 존재를 인지하고 세계를 넓히는 것이다. 인생의 시야가 넓어지는 중이다.

미션과 비전이 명확하면,
호기심에 휘둘리지 않는다

다만 어떤 상황에서든 지나친 호기심은 문제가 된다. 인생의 시간에는 한계가 존재한다. 남은 인생을 가치 있게 보내기 위해서는 자신의 인생에서 무엇이 중요하고, 무엇이 중요하지 않은지를 면밀하게 따져봐야 한다. 다시 말해 시점을 좁힐 필요도 있는 것이다. 잠재의식은 무언가를 의식하지 않으면 점점 주변 의식에 끌려가게 된다. 따라서 명확한 목적이 있어야만 잠재의식을 활용할 수 있다. 이는 해외의 한 저명한 학자가 저서에서 한 말이다.

젊은 사람들과 대화할 때, 나는 종종 이런 사례를 들어 설명한다. 이상형을 구체적으로 생각해 두면, 길을 걷다가도 이상형에 가까운 사람을 만나면 바로 눈에 들어오지만 구체적인 이상형이 없었다면, 지나가다 마주쳐도 오르지 못할 산이라며 미처 이상형인지 알아차리지 못하는 경우가 많다. 즉 이런 상황에서도 미션과 비전은 중요하다. 미션이란 '무엇을 위해 그것을 하는가?'이다. 비전은 그 목적을 달성했을 때의 이상적인 모습이다. 인생의 시점을 좁혀서 미션과 비전을 명확히 하면 호기심에 휘둘리지 않을 수 있다.

역경은
미라클 모먼트를
불러온다

마음속 상처는
강한 마음을 키운다

이 책에서 인생의 다양한 요소를 곱셈의 형식으로 나타낼 때, 내가 그동안 걸어온 길이 어쩌면 작은 힌트가 될 수 있다는 생각이 들었다. 내가 걸어온 길을 돌이켜 보면, 나름대로 고생도 하고, 그때마다 깨달음을 얻으며 성장도 해왔다. 잠재의식이 인생에 어떻게 작용하는지도 많이 배웠고, 그것들을 활용하며 살아왔다. 그래서 그 과정을 다시 한번 정리하여 전달하면 좋겠다고 생각했다. 조금 긴 이야기가 되겠지만, 함께 읽어주시기를 부탁드린다.

나는 홋카이도 오비히로에서 크게 사업을 하시는 부모님의
둘째 아들로 태어나, 비교적 유복한 가정에서 자랐다. 내 입으
로 이렇게 말하는 것도 이상하지만, 초등학교 때부터 성적은 비
교적 우수한 편이었고 주변 사람들에게 칭찬은 받아도 부정당
한 기억은 없다. 그렇다고 다른 사람에게 오만하게 행동하는 아
이는 아니었던 것 같은데, 그래도 세상 무서운 줄 몰랐던 것은
분명하다. 어릴 적부터 마음속에 '나는 누구에게도 지지 않아'
라는 확고한 자신감이 있었다.

그런 나의 첫 좌절은 고등학교 입시였다. 당연히 합격할 것이
라고 대수롭지 않게 여기던 지역 명문고의 입시 시험에서 떨어
졌다. 그때 나는 처음으로 패배의 분함과 괴로움, 한심함, 슬픔
등 세상의 모든 부정적인 감정을 느꼈다. 실패할 경우를 대비해
시험을 본 다른 고등학교에 입학했지만, 그럼에도 패배를 인정
할 수 없어 학교에 나가지 않았다. 아버지의 설득으로 3개월 뒤
다시 등교는 했지만, 이후에도 마음을 잡기는 어려웠다. 한마디
로 말하자면 굉장히 삐딱한 학생이었다. 당시의 나는 현실을 받
아들이지 못하고 내 마음을 속이고 있었던 것을 기억한다. 그래
도 학원은 열심히 다녀서, 학교 성적은 좋았다.

학교를 싫어하는 마음보다 심각했던 것은 마음을 개선할 기회를 놓치고 있었던 나였다. 그러던 어느 날, 시험 성적으로 상위권을 다투는 한 친구의 존재를 알게 되었다. 어떻게든 이기고 싶은 마음에 그 친구의 행동을 면밀하게 관찰했는데, 그 친구는 예습도 빠지지 않고 수업 중에도 선생님 말씀에 열심히 귀를 기울였다. 심지어 쉬는 시간에도 수업 내용을 복습하면서 부지런하게 공부에 집중하고 있었다. 나는 직감적으로, 소극적인 나는 꾸준하고 우직하게 노력하는 그 친구를 절대 이길 수 없다고 느꼈다.

그것이 전환점이 되어 나는 꾸준히 노력하는 사람에게는 절대 당해낼 수 없다는 작은 깨달음을 얻었다. 그렇게 자신의 패배를 깨끗하게 인정하고, 다시는 똑같은 상황을 반복하지 않겠다고 다짐했다. 지금 매진하지 않으면, 내 인생의 궤도도 수정할 수 없겠다고 생각했다. 지금 생각해보면, 고등학교 입시에 실패한 시련이 헤아릴 수 없을 만큼 큰 가르침을 준 것이다.

꿈을 이루었지만
현실은 가혹했다

나는 치과의사가 되겠다는 꿈을 안고 도쿄 치과대학 대학원에서 치의학 박사 학위를 취득했다. 이어 일본인 최초로 미국 최대의 치과 의료 및 연구 시설인 뉴욕 대학 CDE 임플란트 프로그램을 이수했다. 그 후에도 펜실베이니아 대학, 스웨덴 예테보리 대학, 하버드 대학 등 국내외 대학에서 연수받고 공부했다. 그리고 마침내 서른한 살에 고향 오비히로에 '이노우에 치과'를 개원했다. 치과를 개원하면서 많은 빚이 생겼지만, 다행히도 경영은 처음부터 순조로웠다. 하지만 그렇게 마음을 놓자마자, 아버지의 회사가 도산하는, 예상치 못한 사태와 맞닥뜨리게 되었다.

당시 대기업이 M&A(기업의 인수·합병)에 나서면서, 아버지 회사도 상사의 산하로 들어가야 하는 흐름이 생겼는데, 아버지가 자기자본만으로 기업을 경영하겠다며 완고하게 주장했다가, 대기업으로부터 유통을 거절당해 도산에 이르게 된 것이다.

형이 경영하던 관련 회사도 꾸려나가지 못하게 된 상황에서, 나는 결정을 해야만 했다. 내가 운영하는 치과는 경영이 순조로웠기에, 은행에서 내게 '이노우에 선생님이 토지를 매입하신다면, 돈을 융자해 드리겠다'라고 제안해 온 것이다. 치과를 세운 토지가 아버지의 소유여서 받을 수 있다고 생각했는데, 은행은 매입해야 한다고 한 것이다. 게다가 아버지와 형의 회사까지도 그렇게 되자, 빚은 억대에 달했다.

'할 수 있을까?'하는 불안감. 그리고 또 하나, '가족을 위해서라고는 해도, 같이 무너질지도 모르는 위험을 감수하면서까지 내가 해야만 하는 일인가?'라는 마음도 있었다. 하지만 현실적으로 아버지와 형을 저버릴 수 있을 리가 없었기에 나는 결국 빚을 떠안게 될 운명이었다. 그렇게 하는 수밖에 없다는 생각과 함께, 고등학교 입시 시험에서 실패했을 때처럼 '이미 벌어진 일은 어쩔 수 없다. 문제는 앞으로 어떻게 살아갈까에 대한 것이다'라는 생각이 떠올랐다. 그리고 낳아주고 길러주신 부모님을 위해 내가 할 수 있는 일은 유명해져 활약하는 방법밖에 없다고 생각해, 기운을 차리고 빚을 갚아야 한다는 부담을 원동력으로 바꾸기로 결심했다. 그 마음을 잊지 않기 위해 나는 지금도 책상 속에 아버지 회사의 도산이 보도된 지역 신문 기사를 보관하고 있다.

이전과 똑같이 일해서는 그렇게 큰 빚을 갚을 수 없었다. 다른 사람이 1만 원 버는 시간에 100만 원을 벌기 위해 해야 할 일을 고민했다. 그리고 답은 공부였다. 아버지 회사의 도산으로 시대의 변화를 포착하고, 전 세계에 공통되는 본질을 배워야 한다는 교훈을 얻은 나는, 다이아몬드사가 주최하는 세미나, 피터 드러커 학원을 찾았다. 금요일 밤 막차를 타고 도쿄로 가, 저렴한 호텔에서 숙박하면서 토요일과 일요일에 개최하는 세미나를 들었다. 일요일 세미나를 끝까지 들으면 오비히로행 막차 시간에 맞출 수 없었기에 신치토세행 열차를 타고, 치토세에서 월요일 새벽 4시경 오비히로에 도착하는 침대 열차로 갈아타, 오전 9시부터는 다시 치과의사로 출근했다. 의료 지식과 기술 외에 경영 철학도 배우며, 탄탄한 계획성을 가지고 병원을 운영해 나가면 빚을 갚을 수 있으리라는 마음이 있었기 때문이다. 실제로 다방면으로 병원 운영을 재검토할 수 있어, 순조롭게 이익을 늘릴 수 있었다. 하지만 30대 중반에 경험한 엄청난 사건은 나를 더욱 막다른 곳으로 몰아넣었다.

불의의 사고,
완전히 변한 인생

1995년 1월 3일, 청년회의소 입회 전날. 나는 가족들에게 드라이브를 제안했다. 가족과 함께하는 시간을 충분히 갖지 못했다고 생각했기 때문이다. 아내가 운전석에서 핸들을 잡았고 조수석에는 내가, 뒷좌석에는 4살 된 딸이 타고 있었다. 드라이브와 잘 어울리는 쾌청한 날씨에, 라디오에서 흘러나오는 음악을 들으며 오랜만에 이렇게 여유로운 마음으로 시간을 보낸다며, 마음이 따뜻해졌던 것을 기억한다. 그대로 목적지를 향해 달리는 차 안에서 나는 최고의 하루가 될 것 같다는 벅찬 예감으로 가득차 있었다. 차가 오르막길에 접어드는 그 순간까지는……

문득 정신을 차리고 보니, 눈앞에는 도저히 현실이라고는 생각할 수 없는 충격적인 광경이 펼쳐져 있었다. 오르막길로 접어든 자동차가 눈 녹은 물에 반대편 차선의 갓길까지 미끄러졌는데, 대형 오프로드 자동차가 속도를 줄이지 못한 채 우리 가족이 탄 차를 들이받은 것이었다. 조수석과 뒷좌석은 피했지만, 운전석은 완전히 납작하게 찌그러졌다. 운전석에 타고 있던 아내를 아무리 불러도 반응이 없었다. 지금 이렇게 사고 과정을 순서대로 더듬을 수 있었던 것도 꽤 시간이 흐른 뒤의 일이다. 가까운 병원에서는 아내를 진료할 수 없다고 하여, 아사히카와 적십자 병원까지 옮겼고, 밤 11시가 되어서야 시작된 수술은 다음 날 아침 5시에 끝났다. 수술은 성공적으로 끝나 다행히 목숨은 구할 수 있었으나, 중환자실 앞에서 담당의에게 들은 말은 너무나 가혹했다.

환자의 의식이 언제 돌아올지 모르겠습니다. 대단히 조심스러운 말씀이지만, 뇌사 상태로 살아가시는 것도 염두에 두셨으면 합니다.

나는 딸을 끌어안고 펑펑 울었다. 절망이라는 시커먼 그림자에 뒤덮인 채, 내가 할 수 있는 건 속수무책으로 눈물을 흘리는 것밖에 없었다.

오비히로에서 아내가 있는 아사히카와의 병원까지는 버스로 편도 4시간이 걸렸다. 버스 안에서 내게 왜 이런 일이 내게 일어났을까, 그것만 생각했다. 도저히 견딜 수 없어 자꾸만 눈물이 흘렀다. 딸은 부모님께 맡겼지만 내 식사는 스스로 챙겨야 했다. 차가 폐차되는 바람에 걸어서 편의점에 갈 때가 많았는데 길을 가다가 울어버린 적도 있고, 편의점에서 구매한 것을 도저히 먹을 엄두가 나지 않아 울며 밤을 지새운 적도 있다. 스트레스로 머리카락도 엄청 많이 빠지고, 부정맥으로 응급실에 실려 간 적도 있었다. 또 어떤 날은 갑작스럽게 극심한 통증이 찾아왔다. 요관결석이었다. 도쿄에 있던 때라 늦은 밤 호텔에서 택시를 타고 병원으로 달려갔다. 고통스러운 결석 치료를 받으면서 , 주말에는 다시 도쿄에 가 세미나를 들었다. 그때는 정말 엉망진창이었다.

　피곤하다는 감각마저 마비되어 버린 하루하루를 보냈다. 아내가 있는 병원에서 4시간이 걸려 집에 돌아오자마자, 아내의 상태가 나빠졌다는 연락을 받고 다시 병원으로 되돌아간 적도 있다. 더 이상 버스가 다니지 않는 시간이어서, 지하철을 타고 후라노까지 가서 후라노역에서 택시를 타고 병원으로 향했다만, 이상할 정도로 육체적 피로가 느껴지지 않았다. 그렇다고는 해도 신경은 계속 곤두서있었기 때문에 말 그대로 사는 게 사는 것이 아니었다.

온갖 스트레스가 온몸을 조여와 숨을 쉴 수가 없었다. 그 무엇도 금방 해결될 만한 일이 없다고 생각했을 땐, 절망을 느꼈다. 캄캄한 터널 속에 있는 내 모습이 머릿속에 그려지며 한 줄기 빛도 보이지 않았다. 내게 빛이 비치는 날이 올지, 만약 그런 날이 온다면 그것은 기적이라고 생각했다.

한 권의 책은
나를 기적의 순간으로 이끌어 주었다

그러던 어느 날, 아내가 있는 병원에 가기 위해 버스를 기다리다가 정류장 근처에서 작은 서점을 발견했다. 그 앞을 몇 번이나 지나다녔는데, 그때 처음으로 서점이 눈에 들어왔다. 이전에는 주변을 둘러볼 여유가 없었던 탓일까. 시간의 여유가 있어 잠깐 서점에 들르게 됐는데, 지금 생각해보면 뭔가 번뜩임이 있었던 것 같다. 나는 무의식중에 책에서 구원을 찾고 싶었던 것일지도 모른다. 너무 신기한 경험이었다.

불쑥 들어간 서점에서 아무 생각 없이 책을 둘러보는데, 책 한 권이 눈에 들어왔다. 책이 '나 여기 있어'하고 나를 부르는 것 같았다. 그렇게 손에 든 책이 나폴레온 힐의 《생각하라 그리고 부자가 되어라》다. 그때까지 이런 자기계발 분야의 책은 읽어본 적이 없었다. 심지어 이런 분야가 있는지조차 모르고 있었다. 알고 있었다고 하더라도, 내가 몸을 담고 있는 과학의 세계와는 완전 상극에 있는 세계라는 편견을 가지고 읽지 않았을 것이다. 그런데도 읽어보고 싶은 마음이 들었던 것은, 이제 더 이상 도움을 청할 곳도, 기댈 곳도 없었기 때문이다.

그때의 신기한 흐름을 말로 표현하기는 어렵지만, 버스에 타자마자 책을 읽기 시작했고 나는 금세 몰입해 읽어 내려갔다. 책을 끝까지 다 읽었을 때는 내게도 희망이 싹트고 있었다. 어쨌든 나는 현실에서 도망치지 않기로 마음을 먹었다. 그 전에 해야 할 일이 있다는 사실을 깨달았기 때문이다. 그건 현재 상황이 어떻든, 아무런 이유 없이 소원은 이루어진다고 믿는 것. 나폴레온 힐은 말했다.

  - 만약 자신에게는 불운한 일만 닥치고, 자신이 불행하다고 생각한다면, 그것은 그렇게 생각하는 당신 스스로가 끌어당기고 있다는 것을 한시라도 빨리 알아차려야 한다.

– 마음속에 한계를 설정하지 않는 한, 인생에 한계는 존재하지
  않는다.
– 자신이 원하는 것을 반드시 얻을 수 있다고 굳게 믿어야 한다.
– 인간은 스스로 자신의 운명을 결정할 수 있다.

그제서야 나는 '그렇구나. 터널에 비치는 빛은 내 안에 있었
구나'라고 생각했다. 나폴레온 힐의 말처럼 '생각한 것이 현실
이 된다'라고 한다면, 아내가 반드시 되살아난다고 생각하면 되
살아날 것이고, 치과가 잘되리라고 생각하면 잘될 것이다. 빚을
갚을 수 있다고 생각하면 갚을 수 있고, 무슨 일이든 어떻게든
되리라고 생각하면 어떻게든 될 것이다. 모든 일은 자기 하기 나
름이라고, 운명을 단순하고 명쾌하게 인식할 수 있었던 것이 한
줄기 빛이 되었다.

그 순간부터 나는 아내가 반드시 살아날 것이라고 마음속으
로 끊임없이 되뇌었다. 다른 경우의 수는 일절 생각하지 않기로
마음먹었다. 그뿐만 아니라 건강해진 아내와 웃으며 대화를 나
누는 장면을 머릿속에 그렸다. '잘못될 수 있다'라는 블록을 치
우고, 자유롭게 꿈꿀 수 있게 된 것이 나를 구원하였다. 나는 지

금에서야 생각할 수 있게 되었다. 그 무렵 희망이 절망을 이긴 것이라고.

그 이후로 나는 버스 안에서 멍하니 바깥 풍경을 바라보며 나쁜 예감에 시달리던 시간을, 스스로를 성장시키기 위한 배움의 시간으로 바꾸기로 했다. 눈이 피로해져 한계가 왔을 때는 귀로 책을 읽었다. 나폴레온 힐 책의 내용을 담은 '나폴레온 힐 프로그램'이라는 CD가 있었다. 당시 이 시리즈를 모두 갖추려면 1,000만 원이 넘었지만 내게 꼭 필요하다고 생각하니 1,000만 원이 전혀 아깝지 않았다. 당시 나는 내게 찾아온 한 줄기 빛을 잃고 싶지 않아 필사적이었다. 그냥 들으면 시간이 오래 걸리므로 배속으로 하여, 데일 카네기, 지그 지글러, 폴 J. 마이어, 브라이언 트레이시의 프로그램까지 전부 세트로 구매해 하루도 빠짐없이 듣고 다녔다.

잠재의식 활용법을 세상에 알린 조셉 머피를 알게 된 것도 이때였다. '그냥 솔직하게 이랬으면 좋겠다고 바라고 그것이 현실이 된다고 믿는다. 그게 전부다. 오직 그것만으로도 소원은 현실화된다'라고 말하는 머피의 말에, 큰 위로를 받았다. 여담이지만 그 후 나는 머피의 저작을 출간할 기회를 얻게 되었다. 이를 통해 일본에 조셉 머피와 그의 철학을 널리 알린 활동에 대한 공헌을 인정받아, 머피 트러스트로부터 세계 최초로 그랜드 마스터의 칭호도 받았다.

내가 이끄는 삶,
미라클 모먼트

잠재의식 활용법을 배우기 시작한 지 2개월 정도 지났을 무렵, 내 생각은 현실이 되었다. 아내가 눈을 뜬 것이다. 의사는 '눈은 떴어도 뇌파가 없어, 단순한 반사에 불과합니다. 아직 안심할 단계는 아닙니다'라고 말했지만, 그래도 나는 기적이 오고 있음을 믿었다. 아내의 뇌파가 움직일 것이라고 믿어 의심치 않았다. 그렇게 한 달 후, 아내의 뇌파가 움직이는 기적이 일어났다. 게다가 그로부터 3개월 후 아내는 의식을 되찾았다. 물론 그 뒤로 기나긴 재활 훈련을 견뎌내야 했지만 현재 아내는 건강하게, 보통의 삶을 살고 있다. 과거에 머릿속으로 그렸던, 건강해진 아내와 웃으며 대화를 나누는 장면이 그대로 현실이 되었다.

아내의 회복과 함께, 컨설턴트 자격증을 취득하려고 준비 중이었던 나는, 어느 날 코칭을 받고 있던 이와모토 다카히사 씨에게 무언가 하고 싶은 일이 있냐는 질문을 받았다. 그에 나는 '컨설턴트의 일인자인 후나이 유키오 씨와 함께 강연할 수 있다면 영광이죠'라고 대답했다. 그런데 이 말을 들은 이와모토 씨가 올해 마스터 마인드 세미나에서 강연해 보지 않겠냐는 제안을 했다. 입 밖으로 꺼낸 말이 단숨에 현실이 되어, 나는 너무나 놀랐다. 이 또한 기적이 되었다. 그 세미나에서는 후나이 유키오 씨뿐만 아니라, 수많은 베스트셀러를 펴내고 있는 나카타니 아키히로 씨도 함께했었다.

강연을 수락한 것까지는 좋았는데, 그런 뛰어난 사람들과 함께 서는 자리에서 어떤 내용으로 강연을 채울지 고민이 컸다. 그런 내게 나폴레온 힐을 계기로 알게 된 구게 구니히코 씨가 사고 이야기를 하는 게 어떻겠냐고 제안했다.

당신만이 할 수 있는 이야기를 하면 됩니다. 누구도 그런 경험은 이야기할 수 없으니까요.

그 말을 들은 나는 강연에서 내 인생을 바꾼 사고에 관해 이야기하기로 결심했다.

마침내 강연 날이 되었고 내가 이야기를 끝마쳤을 때, 그곳에 있던 150명 정도의 사람들은 대부분 눈시울을 붉히고 있었다. 그리고 나는 그 강연을 계기로 출간 제안을 받았다. 46세에 첫 번째 책을 출간하게 되었다. 사고로 뇌사 상태에 빠진 아내가 의식을 되찾을 때까지의 이야기를 담은 실화 《아내가 식물인간이 된 날 기적이 내게로 왔다》는 아마존 종합 순위에서 1위를 차지하며 베스트셀러에 올랐다. 나는 치과의사로 일하면서 동시에, '마음속에 그린 인생을 어떻게 실현해 나갈 것인가'라는 주제로 코치, 멘탈 테라피스트로서 활동을 시작하여 오늘날에 이르게 되었다. 사람과의 만남, 책과의 만남, 기회와의 만남……. 그 모든 것은 기적이다. 그리고 그 기적은 자신의 마음이 끌어당기는 것이다.

지금 너무나 괴로워, 도저히 버티기 힘든 시련 속에서 살아가고 있는 사람도 분명히 있을 것이다. 하지만 괜찮다. 고통이 있으면, 반드시 기쁨도 있다. 고통은 도약하기 전 무릎을 구부리고 있는 상태가 아닐까? 현재 상황이 괴로운 이유는 좋은 방향

미라클 모먼트

으로 나아가기 위한 징조라고 생각하자. 신은 사람에게 극복할 수 없는 시련은 주지 않는다고 한다. 더욱이 시련을 뛰어넘은 그 날에는 보상이 기다리고 있다고 나는 확신한다. 모든 것은 자기 마음속 상처와 마주하는 것부터가 시작이다. 그것을 이해한 다음, 일단 현실에서 도망치지 않기로 다짐하자. 그리고 끊임없이 소망을 마음속에 그려나가자. 중요한 것은 포기하지 않는 것. 자신을 믿고, 지금 할 수 있는 일에 최선을 다하는 것이다.

균형 잡힌 삶을 위한
세 가지 핵심

이제 지금까지의 이야기를 바탕으로, 내가 생각하는 균형 잡힌 인생을 보내기 위한 세 가지 핵심을 다시 한번 명확하게 정리해 보려고 한다.

첫째, 구체적인 미션과 비전을 설정한다.

미션은 '나는 무엇을 위해 살고 있는가?', '나에게 가치 있는 것은 무엇인가?'라는 자기 인생의 기준이 되는 목적이다. 그리고 비전은 자신의 이상향이다. 미션을 달성했을 때 자신이 어떤 모습일지를 선명하게 그리는 것이 비전이다. 이상은 항상 성장해 나가는 것이므로 미션도, 비전도, 모두 끝이 없으며, 그를 이루기 위한 목표 설정이 무엇보다 중요하다. 나는 '세상에서 제일 이상적인 치과의사가 될 것이다'라는 미션을 가지고, '많은 환자가 안심하고 치료받을 수 있는 환경을 만들어 사회에 공헌하는 나'라는 비전을 그리고 있다. 나는 미션과 비전을 명확히 하는 과정을 '마인드맵을 확립한다'라고 표현하는데, 마인드맵 없이 사는 삶은 목적지를 정하지 않은 채 정처 없이 거리를 헤매는 것과 똑같다. 열심히 노력하고 애쓴 보람이 없는 헛수고가 되는 것은 눈에 보이듯 뻔하다.

인생을 어떻게 개척해 나가야 할지 잘 모르겠다는 사람도, 자신은 운이 없다고 고뇌하는 사람도, 우선 자신의 기준을 명확히 하는 것이 중요하다. 비록 가야 할 길은 많이 남았지만, 자기만의 기준을 확립하고 있다면 분명 이상적인 삶을 향해 나아갈 수 있을 것이다.

둘째, 최선을 다해 노력한다.

　　　　　　　　　　　　　　　　　　　　미라클 모먼트

예를 들어 당신이 '웃음이 가득한 직장에서 실력을 발휘한다'라는 미션을 가지고 '활기차게 일하는 나'를 비전으로 삼는다고 해도, 그것만으로는 소망을 이룰 수 없다. 그를 위해 무엇을 해야 할지 고민하고 행동으로 옮기지 않으면 당신의 인생에는 아무 일도 일어나지 않는다. 사실 소망을 이루기 위해 해야 할 일이 떠오른다는 흐름 자체가 잠재의식이 주는 선물이다. 잠재의식을 제대로 활용하기 위한 비결은, 자신에 대한 믿음을 바탕으로 망설임 없이 잠재의식의 선물을 받아, 일단 실천하는 것이다. 다시 말해 잠재의식과 최대한의 노력이 합쳐진 결과물이 소망 실현인 것이다. '세상에서 가장 이상적인 치과의사가 될 것이다'라는 미션을 내세운 나는, 기술을 갈고닦는 것뿐만 아니라 환자의 마음을 헤아릴 수 있는 의사가 되고 싶었다. 그래서 책이나 DVD, 세미나 등을 통해 의사소통 방법이나 미소를 짓는 방법 등을 배우고, 무엇보다 상대의 이야기를 경청하는 자세를 늘 마음속에 새기고 있다.

인간 고찰의 일환으로 인간분석학을 배우기 위해 매주 비행기를 타고 선생님을 찾아가던 시기도 있었다. 악착같이 철저하게 탐구하겠다는 나의 자세는, 어떻게 보면 한쪽으로 치우쳐 있었다고도 할 수 있다. 하지만 무엇이 옳은지는 해 보지 않으면 알 수 없다. 하나 더 덧붙이자면, 이대로 좋은지 나쁜지 잘 모르겠는 카오스(혼돈 상태)는 이윽고 질서를 만들어낼 것이다. 그것 또한 우주의 법칙이다.

아무런 도전도 하지 않고 단순히 균형을 추구한다고 해도 그저 작게 마무리하는 것에 불과할 뿐, 불만은 해소되지 않는다. 조금 더 여유로운 삶을 살고 싶다는 미션을 내세웠다면, 소망을 실현하는 과정에서 때로는 한쪽으로 치우칠 정도의 열정과 노력의 시기를 거쳐야 한다. 왜냐하면 높은 곳을 목표하여 뛰어드는 세계는, 지금 있는 세계보다 훨씬 에너지가 강할 것이기 때문이다.

강한 에너지에 대응하기 위해서는 자신의 그릇을 견고하게 만들어야 한다. 자신의 그릇은 다양한 경험과 끊임없는 배움만으로도 단단히 단련할 수 있다. 그렇기에 자신이 할 수 있는 모든 것을 해 봐야 한다. 버틸 수 있을 때까지 해 보는 자세가 선행되어야 한다. 내 경험으로 미루어 보아, 끝까지 철저하게 행동하면 자연스럽게 자신만의 균형을 습득할 수 있다.

미라클 모먼트

셋째, 자기 시야를 넓힌다.

살아가는 데 필요한 균형 감각은 자신만의 좁은 세계에서는 기를 수 없다. 시야를 넓혀, 세상에 다양한 가치관을 가진 사람이 있다는 것을 깨닫고 스스로를 객관적으로 바라볼 필요가 있다. 그러기 위해서는 최대한 많은 사람을 만나볼 것을 권한다. 예를 들어 나는 뉴욕에서 알게 된 치과의사들 대부분이 인생을 즐기고 있다는 것을 알게 되면서, 일이 전부였던 내가 아직 갈 길이 멀다는 것을 절실히 느꼈다. 지금 생각해보면 달라지고 싶다는 설렘을 느낀 순간, 잠재의식이 활성화되어 있었던 것이다. 그렇다고 자신에게 없는 가치관을 가진 그를 동경하는 것만이 전부는 아니다. '이렇게 되고 싶지 않다'라고 느끼는 사람과의 만남 또한 경험이다.

우리는 다른 사람과의 관계를 통해 마음속 서랍을 늘려나간다. 무심한 말에 상처받았던 기억으로 다른 사람의 아픔을 공감하는 서랍을 늘린다거나, 분위기를 살피는 서랍, 다른 사람의 시선으로 상황을 파악하는 서랍을 늘리는 식으로 말이다. 그런 다음 자신을 객관적으로 바라봄으로써 균형 잡힌 인간관계를 습득해 나가야 한다. 넓은 시야로 사회를 바라보는 것의 의미는 여기에 있다.

'인간의 고민은 모두 대인관계에 관한 고민이다'라는 심리학자 알프레드 아들러의 말처럼, 넓은 시야로 사회를 바라보고 인간관계를 구축해 나가는 것은 기적의 순간으로 당신을 끌어당길 것이다.

겸손

X

받아들임

겸손과 받아들임이
균형을 이룰 때 선순환된다

겸손과 받아들임이
균형을 이룰 때 선순환된다

불필요한 겸손은 멈추고
칭찬을 받아들인다

모임에서 만난 사람에게 '요즘 좋아보이시네요'라는 말을 들으면, 당신은 어떻게 반응하는가? '아뇨, 여유가 없어 먹고살기 바쁘네요'라고는 절대 대답할 수 없는 노릇이다.

　불필요한 겸손은 하지 않는 것이 좋다. 잠재의식은 그 사람이 한 말을 그대로 받아들여 작용하기 때문에, '여유가 없어 먹고살기 바쁘다'라는 현실을 끌어당기게 된다. 행복해지기 위해서는 뻔뻔함이 필요하다. '어차피 나는 할 수 없다'가 '나니까 할 수 있다'로 바뀌지 않으면, 소망을 이룰 수 없다.

인간이라는 존재는 누구나 기본적으로 부정적으로 사고한다. 다시 말해 그냥 내버려두면 점점 나쁜 생각을 떠올린다는 것이다. 앞서 잠재의식은 안정지향적이라고 말했던 것처럼, 잠재의식은 위험을 회피하기 위해 최악의 경우를 가정하고, 어떤 일이 발생했을 때의 충격을 최대한 억누르려는 습성을 가지고 있다. 그래서 '행복해지고 싶은데, 행복해지는 것이 두렵다'라는 심층 심리가 작용하여, 이도 저도 아닌 어중간한 현실을 끌어당기고 마는 것이다.

강연을 시작하면서 주변 사람들은 내게 사고 이야기를 하라고 권유했다. 사실 나는 그에 상당히 부정적이었다. 많은 사람 앞에서 할 이야기도 아니고 내 비극을 상품 취급하는 것은 한심한 행위라고 생각했기 때문이다. 하지만 '사고를 통해 스스로 기적을 끌어당겼다는 이야기는 이노우에 씨만 할 수 있다'라는 말은 내 경험 속 가치를 발견하게 해주었다.

'나 같은 사람이'라고 생각했던 나는 많은 사람에게 가치를 줄 수 있다면 얼마든지 뻔뻔하게 생각하기로 했다. 실제로 강연은 대성공이었다. 내 이야기를 듣고 강연장에 있던 사람들이 공감해 줄 때, 에너지가 차오르는 것을 느꼈고 힘든 경험을 또 하나의 기적으로 승화시킬 기회를 얻은 나는 얼마나 행복한 사람인가. 마음이 감사로 가득 찼다.

잘 될수록 겸손함을 가지고
더욱더 전진한다

당연한 말이지만 받아들임만으로는 모든 일이 잘될 수는 없다. 일이 잘 풀리든 안 풀리든 겸손함이 없으면 좋은 결과를 낳을 수 없다. 예를 들어 상사의 지시로 밤새 자료를 작성했는데 부족한 점을 지적받았을 때 괜한 헛수고를 했다며 낙담하겠는가? 그보다 상사의 충고를 겸허하게 받아들이고, 분함과 억울한 마음을 모아 이번에야말로 완벽하게 해내겠다고 마음먹고 분발한다면 어느 때보다 더 큰 에너지가 솟아날 것이다.

에너지는 물과 같아서, 사용하지 않으면 고여서 썩어버리고 만다. 쓰면 쓸수록 새로운 에너지는 솟아날 것이다. 결과가 좋지 않을 때의 일은 생각하지 말고, 일단 무엇이든 시도하려는 대담함과 뻔뻔함을 갖추는 것이 중요하다. 그리고 만족스러운 결과가 나오면 더 배우겠다는 겸허한 마음으로 에너지를 불태우고, 그 에너지를 최대한 사용하여 새로운 것에 도전하라. 겸손과 받아들임, 두 가지가 모두 있을 때 비로소 기적의 순환은 시작된다.

자신이 신념을 가지고 한 일이라면, 주위의 비웃음이 느껴져도 담담하게 계속해 나가라. 그리하여 좋은 결과를 만들었다고 해도 너무 들뜨고 휘둘리지 마라. 오만한 태도는 이미지 실추만을 갖고 올 것이다.

나는 일상에서 보고 듣는 것, 좋은 것도 나쁜 것도, 모든 경험이 배움이라고 생각한다. 배움과 성장을 거듭하면서 삶의 균형을 맞춰 나가기 위해서는 뻔뻔함과 대담함, 그리고 겸허한 자세를 갖추고, 그를 잘 구분해 사용하는 방법을 익혀야 할 것이다.

인간관계

X

자기 축

사람 사이의
에너지를 활용하라

사람 사이의
에너지를 활용하라

행복의 기본은
인간관계

하버드 대학에서 '행복한 인생을 위해 필요한 것'을 주제로 연구한 결과에 따르면, 행복은 부나 지위, 명예도 아닌 질 높은 인간관계의 구축이라고 한다. 부모나 자녀, 부부나 연인, 친구, 직장 동료, 자녀 친구들의 부모, 이웃 주민 등 다양한 인간관계가 있지만, 어떤 관계든 상관없다. 그리고 어떤 사람들과도 질 높은 인간관계를 구축하기 위해서는 상대방의 기분과 자기 기분의 균형을 의식하면서 조화를 신경 써야 한다. 상대방을 생각하는 마음이 배려 깊은 사람을 끌어당기는 것은 장미꽃 씨앗을 심으면 장미꽃이 피는 것과 같은 자연의 섭리이며 우주에 흐르는 원인과 결과의 법칙이라고도 할 수 있다. 다시 말해 행복을 향하는 길에도 내가 가진 에너지가 중요하다는 것이다.

혹시 삼백초 씨앗을 뿌리고 장미꽃이 피기를 바라고 있지는 않은가? 모처럼 씨앗을 뿌려놓고, 물 주는 것을 잊어버려 시들어 버린 것은 아닌가? 궁극적으로 말해 좋은 인간관계를 끌어당기는 방법은 하나밖에 없다. 바로 자기 자신이 좋은 사람이 되는 것이다.

인간관계는
꿈을 이루기 위한 사전 준비

'유유상종', '끼리끼리'라는 말처럼 사람 사이는 같은 파장으로 연결되어 있다. 에너지가 높은 사람과의 교류가 중요한 이유다. 하지만 그것을 알고 있어도, 때때로 자존심이나 오기 때문에 좋은 관계를 유지할 수 없을 때도 있다. 예를 들어 회사에 사이가 좋은 동기 그룹이 있는데, 그중 한 명이 먼저 승진했다고 가정해보자. 이때 다른 한 명이 '나도 승진하고 싶다'라고 생각하는 것은 지극히 당연한 일이다. 하지만 그런 사람들 대부분이 먼저 승진한 동기와 거리를 두고 아직 승진하지 않은 사람들과 더 돈독하게 지내기 쉽다. 그래서는 승진과 거리가 멀어질 수밖에 없다. 승부는 경기가 끝날 때까지 알 수 없다. 그러므로 동료의 에너지에 좋은 자극을 받으면서, 동시에 조급해하지 않아도 된다고 스스로 타이르는 것이 중요하다. 사실 서두르지 않는 것이 가장 빠른 길이다.

어떤 상황에서도
자기 축을 갖는 것이 중요하다

다만 인간관계를 형성할 때 무엇보다 중요한 것은 자기 축을 갖는 것이다. 나는 가치 없는 일은 하지 않기로 마음먹었기에, 다른 사람과 나를 비교하며 우울해하지 않는다. 또 질투심이나 조바심은 발전이 없고, 결코 이해할 수 없으며, 가치관이 다른 사람과의 갈등은 시간 낭비라고 딱 잘라 얘기할 수 있다. 그래서 인간관계에 얽매여 고민하는 경우가 거의 없다.

　사람마다 자신만의 축으로 여기는 가치가 다르다. 자기 뜻을 거스르면서까지 다른 사람에게 맞출 수 없다고 생각하는 사람은 자신의 가치관을 밀고 나가면 된다. 서툴다고 눈초리를 받더라도 정직한 사람이라는 평가가 높아지면, 따르고 싶어 하는 사람이나 응원해 주는 사람이 나타날 것이다. 나는 가치관이 다른 사람과 굳이 의견을 부딪치지는 않지만, 그렇다고 내 가치관을 굽히지도 않는다. 그 자리의 분위기를 읽고, '아하', '그렇군요'라며 맞장구를 치는 데 그치거나 '그렇게 생각할 수도 있군요'라며 철저하게 상대방의 이야기를 듣는 데 집중한다.

　상대방의 가치관에 동조하지 않는다고 해서 전부 적이 되지는 않는다. 사실은 상대의 가치관을 부정하기 때문에 적대관계가 되어버리는 것이다. 그래서 누구의 이야기든 경청해야 한다. 가치관이 비슷한 사람이라고 느끼면 상대방과 내가 이야기하는 비율은 비슷하겠지만, 가치관이 다르다고 느낀 사

　　　　　　　　　　　　　　　　　　　　　미라클 모먼트

람과의 대화에서는 듣기만 하는 비율이 80% 정도 되는 느낌이다.

사람은 자신의 이야기를 들어주는 사람에게 호의적인 경향이 있다. 세미나나 강연에서 질의응답 시간을 마련하는 것은 그런 이유 때문이다. 아무리 훌륭한 강의와 강연이라도 듣기만 하면 충분한 만족감을 얻을 수 없다. 질의응답은 자신의 이야기도 들어 달라는 청강자의 요구에 부응하는 것이다. 인간관계는 상대방에게 배려하여 그 욕구를 채우면서도, 자기 축을 굽히지 않는 배려와 고민이 필요하다. 그렇게 만들어진 인간관계는 인생을 더욱 풍요롭고 가치 있게 만들어 줄 것이다.

인내

인정

인내를 강요하지 말고
인정하면 편해진다

인내를 강요하지 말고
인정하면 편해진다

인내보다 중요한 것은
바로 인정

과거 나의 코칭 클라이언트 중 학부모 사이의 문제로 고민하
는 사람이 있었다. 교육 방침을 둘러싸고 말다툼이 생겨, 그는
엄마들 사이에서 따돌림을 당하고 있다고 했다. 남편에게 상
의했지만 '당신 태도에 문제가 있었던 거 아니야?'라는 말이
돌아와 부부 싸움으로 번지고, 아이는 아이대로 친구들 사이
에서 괴롭힘을 당해 학교에 가기 싫다는 말을 꺼냈다고 했다.
그는 더 이상 나빠질 상황도 없다며 우울해하고 있었다.

나는 그에게 '자녀 친구의 엄마들과 가족 중 누가 더 소중합니까?'라고 물었다. 당연히 가족이라는 대답이 돌아왔고 '가족이 화목하다면, 다른 엄마들은 포기하는 게 어떤가요?'라고 조언했다. 다른 엄마들과 의견이 맞지 않아도 그냥 마음속으로 생각하고 내버려두면 되고, 무리에서 따돌림을 당해도 그냥 담담하게 지내는 것이 어떻겠냐고 말이다. 이후 망설이며 돌아가는가 싶던 그에게, 가족을 우선하여 결정하니 마음이 편해졌다는 연락이 왔다.

해결책은 쉽다. '모든 일을 잘하기 위해서는?'에서 '나에게 중요한 것은 무엇인가?'라는 발상의 전환이다. 본인만 참으면 된다고 생각하는 사람도 있겠지만, 자기 희생은 미덕이 아니다. 어떤 상황에서도 자신의 마음에 솔직하게 따르며, 자기 축으로 살아가는 것이 바로 미덕이다. 게다가 자기 희생이라는 파장이 오만한 사람을 끌어당기는 것은 너무나도 당연한 이야기다. 자기를 희생하면 할수록 본인만 좋으면 된다고 생각하는 이기적인 사람을 끌어당겨 인내심을 강요받는데, 그러면 그들에게 이용당할 수는 있어도 감사받을 일은 없다. 과연 참고 인내하는 의미가 있을까? 필요한 것은 인내가 아닌, 관용이다.

끊임없이 희생하는 악순환에서 벗어나 관용을 갖추기 위해서는 자기 중요감을 높여야 한다. 자기 중요감을 높이려면 우선 자신의 가치관을 구축해야 하는데, 그를 위해서는 자신이 무엇에 기쁨을 느끼고 무엇에 분노하는지, 자신의 희로애락을 관찰하여 확실하게 파악해 두어야 한다. 다시 말해 자신이 자기의 좋은 이해자가 되어야 한다.

만약 당신이 '왜 나는 인내를 강요받는가?'로 고민하고 있다면, 그 원인은 자신을 소중히 여기지 않는다는 데 있다. 자신의 가치관을 명확히 하도록 하자. 구체적인 가치관을 세우고 있으면, 누군가와 자신을 비교하는 일도, 누군가의 가치관에 농락당하는 일도 없으며, 스트레스 없는 일상을 되찾을 수 있을 것이다.

마찬가지로 만약 당신이 지금 공부나 업무에 한계를 느껴 마음이 피폐해진 나머지 우울해질 것 같다면 혹은 집단생활을 하면서 인간관계에 문제가 있어 살고 싶지 않다는 생각이 든다면, 당장 그 자리를 떠나는 게 좋겠다. 분명 인내가 열매를 맺어 좋은 결과로 이어질 때도 있지만, 병을 얻으면서까지 참

을 필요는 없다. 아무리 훌륭한 일이라도, 목숨을 바칠 만큼의
가치는 없다.

도망쳐도 되지만,
모든 원인은 자신에게 있음을 인정하자

상황이 너무나도 괴롭고 견디기 힘들다면 도망쳐도 된다. 하
지만 그 자리에서는 벗어나도, 사건을 인식하는 방법으로부터
는 도망쳐서는 안 된다. 다시 말해 지금의 현실은 자신의 사고
가 끌어당긴 것이다. 반복해서 하는 말이지만, 잠재의식은 곧
원인과 결과의 법칙이다. 아무리 불합리한 일이라도 반드시
느끼는 점이 있다. 어떠한 경험에도 의미가 있음을 인식하고,
그를 철저하게 밝혀내자. 이때 자신을 탓하는 것은 의미가 없
다. 앞으로의 인생을 위해 그 교훈을 유용하게 활용하는 게 목
적이다. 괴로운 경험을, 그저 괴로운 감정만 끌어안은 채 매듭
짓는 것은 안타까운 일이다. 어떤 의미를 부여하는가에 따라
힘든 경험도 가치 있는 경험으로 바꿀 수 있다.

사실 내가 자동차 사고를 당했을 땐, '왜 내가 이런 일을 당해야 하는가'라며 한탄했다. 하지만 지금은 그런 피해자 의식이 괴로움의 원인 중 하나였다고 생각한다. 거기에서 나를 구해준 것은 '무엇이 잘못되었을까?'라며 당시를 되돌아보는 발상이었다. 그날 멀리 나가지 않는 게 좋다는 부모님의 말씀을 나는 귀담아듣지 않았다. 애초에 드라이브를 제안한 이유도 가족과 함께하는 시간을 만들기 위해서였다. 오랜만에 날씨가 맑았는데, 눈이 녹은 물에 미끄러질 것이라고는 생각하지 않았던 것이다. 이러한 현실 직시로 피해자 의식을 떨쳐내고, 이렇게 된 바에는 긍정적으로 생각할 수밖에 없다고 마음을 다잡을 수 있었다. 또한 무의식중에 세상을 만만하게 보고 있었을지도 모른다는 생각이 들었다. 이제는 언제나 과신하지 않고 신중하게 해나가자고 마음먹는 계기가 되었다. 나에게 하는 질문을 '왜 내가 이런 일을 당해야 하는가'에서 '무엇이 잘못되었을까?'로 바꾸어 보면 보이는 풍경은 달라진다. 발상의 전환이야말로 마음의 균형, 나아가 삶의 균형을 맞춰 나가기 위한 특효약이다.

자기애

x

배려

나 자신을 배려하는 것이
모든 것의 시작

나 자신을 배려하는 것이
모든 것의 시작

나는 나 자신을
사랑하고 있는가?

자기애가 무엇이라고 생각하는가? 자기애는 말 그대로 자기 자신을 사랑하는 마음이다. 다만 자기애를 자만심, 자기중심적인 모습으로 보고 바람직하지 않다고 생각하는 사람도 있다. 하지만 나는 자기애가 굉장히 중요하다고 생각한다. 자기애는 자기 자신을 소중히 여기고, 신뢰하며, 자랑스럽게 여기는 것이다. 타인의 축이 아닌 자기 축에서 탄생하는 사랑이므로 이것만은 자기중심적이어도 괜찮다.

나는 매일 나를 마주하며 이야기한다. 비록 성과가 나지 않더라도 열심히 하고 있다며 스스로를 칭찬하고, 이대로만 하면 된다고 기를 살려주고, 나라면 반드시 할 수 있다고 격려한다. 명백하게 실패의 그림자가 드리웠던 일이라도 그럴 수도 있다며 자신을 토닥인다. 그렇게 좋은 공부라고 생각하자며 자신의 실수를 인정하고, 실패를 발판 삼아 더 분발하자며 스스로 응원을 보내는 것이다.

경영자든, 운동선수든, 연예인이든, 이 세상에서 나로서 활약하고 있는 사람은 누구나 각각의 형태로 자기애를 소중히 여겨야만 한다. 그리고 그 자리에 오르기까지 끊임없이 자기와 대화하면서 성장하는 것을 목표로 삼아야 한다. 엄격하게 성과가 요구되는 세계야말로 의식하는 방법, 특히 잠재의식을 작용시키는 방식이 굉장히 중요하다. 마침내 자기애를 훌륭하게 발동시키는 사람만이 그에 따른 성과를 얻을 것이다.

때로는 엄격한 태도가
진정한 배려

자기애만 가득하면 타인에 대한 사랑이 줄어들지도 모른다고 생각하는가? 결코 그렇지 않다. 자기애는 나뿐만 아니라 모든 사람을 소중히 여기는 것이기도 하다. 타인을 배려할 수 있는 사람은 자신의 마음이 충만한 사람뿐이다.

만약 컵이 있다고 가정하자. 물을 계속해서 따르면 물이 흘러넘칠 것이다. 그 넘치는 물을 버리지 않고 다른 사람의 컵에 주는 것, 그것이 바로 타인에 대한 배려다. 자신의 컵에 물이 없다면, 다른 누군가에게 물을 나눠줄 수도 없다.

물론 자신의 마음이 가득 차 있든 그렇지 않든, 남에게 나눌 수 있는 좋은 사람인 것은 분명 훌륭한 일이다. 하지만 좋은 사람이어야만 운을 끌어당길 수 있다는 생각에 치우치기 시작하는 사람의 대부분이 '좋은 사람으로 보이고 싶다'에만 집착한다. 그 결과 '하고 싶은 말을 할 수 없다', '항상 다른 사람이 듣기 좋은 소리만 한다', '나는 주관이 없는 사람이다'라는 자기혐오에 시달리고 만다. 주객이 전도되는 것이다. 그런 사람은

'좋은 사람'의 의미를 잘못 이해하고 있다. 다른 사람에게 좋은 사람으로 남고 싶은 나머지, 항상 좋은 표정만 짓고 있는 사람은 자기 자신에게 사랑을 쏟지 않는 사람이다. 자신을 소중히 하고 있지 않기에 자기애가 없어 결국 타인에 대한 배려까지 도달하지 못하는 것이다.

자, 그렇다면 진정한 배려란 과연 무엇일까? 후배나 부하 직원이 업무에서 실수하면 조용히 못 본 척 넘어가는 것보다 엄격하게 지도하는 것이 진정한 배려일 수 있다. 상대방에게 미움을 받아도 가치 있는 것을 제공하는 것, 그것이 바로 배려다. 타인에 대한 배려는 진정한 자기애로부터 시작된다.

자아 발견

X

감사

나를 알면 알수록
감사할 일이 생긴다

나를 알면 알수록
감사할 일이 생긴다

자아를 버리면
진정한 이유가 보인다

'자기애'와 비슷한 '자아$_{ego}$'라는 표현이 있다. 자아가 강한 사람이란, 다시 말해 허영심이나 인정 욕구가 강한 사람을 뜻한다. 이런 사람들은 주위 사람들로부터 미움을 받는 경우가 많고 기적과는 점점 멀어진다. 자아의 이면에는 트라우마나 콤플렉스가 있다. 잠재의식은 자아에서 순식간에 트라우마나 콤플렉스의 냄새를 맡고, 순순히 부정적인 사고에 어울리는 현실을 만든다. 만약 항상 연인에게 배신당해 친구들에게 '연애

운이 없다'라고 비웃음을 당해 상처받은 사람 A를 보자. A는 겉으로는 '결혼하고 싶다'고 하지만, 사실 그 마음에는 '연애운이 없다고 나를 비난했던 사람들 보란 듯이 잘 살고 싶다'라는 자아가 숨어 있을 수 있다. 그런 마음을 가진 A는 일시적으로 잘 될 수는 있지만 그 결혼이 행복으로 이어지기는 쉽지 않을 것이다.

잠재의식은 사람의 영혼을 성장시킨다. 상대방의 조건이나 외모에 집착하는 등 다른 사람의 시선에 휘둘리면, 잠재의식은 아직은 때가 아니라고 판단하고 다시 시련을 줌으로써 깨달음의 기회를 주는 것이다. 즉 그 사람은 자신의 자아를 알아차릴 때까지 '잘 풀리지 않는 현실'을 반복하게 된다. 결혼뿐만 아니라 일의 결과가 좋지 않을 때는 '잘 되지 않는 데는 이유가 있다'라는 생각으로 자신과 마주하고, 불순한 동기가 있다면 그를 끊어 내는 것이 먼저다.

설령 누군가에게 억울한 일을 당했다고 할지라도, 그 과거를 인정해야 한다. 결혼하고 싶은 이유가 앙갚음하고 싶은 마음이었다는 것을 알면, 결혼은 진정한 소망이 아니라는 사실을 깨닫게 될지도 모른다. 그렇게 자아를 버렸을 때 비로소 자신의 인생에서 정말 중요한 것을 볼 수 있다.

큰 시련은 인생의 터닝포인트가 될 수 있다. 불행한 일이 닥치면 절망스러운 마음이 먼저 들겠지만, 인생을 긴 안목으로 바라보며 희망을 잃지 말기를.

감사하면 할수록
소망이 쉽게 이루어지는 법칙

솔직한 마음으로 세상을 바라보면 감사하는 마음이 절로 솟아오르는 것을 느낄 수 있다. 감사하면 긍정적인 결과와 가까워진다. 이것이 바로 선순환이다. 나는 내가 지금에 이르기까지 만났던 사람들에게 진심으로 감사한다. 치과의사가 된 것은 나의 노력도 빼놓을 수 없지만 공부할 기회를 주신 부모님, 격려하고 응원해 준 은사님과 선배들 그리고 자극을 받을 수 있는 친구들이 있었기에 지금의 내가 있다고 생각한다.

자기계발을 시작할 수 있었던 것도 내게 공감하고 따라주는 사람들과의 만남이 있었기 때문이다. 어쩌면 나는 남들보다 더 열심히 공부했을지도 모르고, 신념도 남달리 강했을지도 모르겠다. 하지만 아무리 노력하고 행동해도, 여러 인연의 도움이 없었더라면 그 문은 열리지 않았을 것이다. 언제나 내게 기회를 가져다준 것은 사람이었다.

소원을 이루기 위한 수단으로 생각하고 했던 행동은 아니지만, 나는 예전부터 신세를 진 사람에게는 감사 편지를 쓰고, 명절이나 연말에 선물도 보내고 있다. 자기계발을 통해 만난 사람들에게도 경의를 표하고, 내가 할 수 있는 일이라면 어떤 의뢰든지 흔쾌히 수락하기로 결심한 것이다. 내가 그렇게 행동했기 때문에 사람들이 나를 격려하고 응원해 준 것이었을까? 꼭 그렇다고는 할 수 없겠지만서도 만약 내가 그런 기회를 너무나 당연하게 생각했다면, 혹은 태도가 불량했다면 나의 인생 스토리는 지금과 많이 달라졌을 것이다. 친절하게 대해준 사람에게 반드시 보답받는다고는 할 수 없지만, '원인과 결과의 법칙'에 따라 좋은 씨앗을 뿌리면 좋은 결과를 끌어당길 수 있는 것은 확실하다.

자존심

역량

하찮은 자존심을 버리고
인생 경험을 쌓는다

하찮은 자존심을 버리고
인생 경험을 쌓는다

하찮은 자존심과
의미 있는 자존심

앞에서도 말했지만 나는 원하던 고등학교 입시에 실패하면서
세상에 대한 반항심으로 가득 찼던 시절이 있었다. 지금 돌이
켜 보면, 그 무렵의 나는 나 자신에 대한 혐오감과 자존심을 다
른 형태로 표현했던 것일지도 모른다.

우리가 살아가는 데 자존심은 중요하며, 자존심이 없는 사
람은 없다고 생각한다. 다만 자존심에는 스스로를 자랑스러워
하며 동기부여를 높이고, 왕성한 호기심으로 성장을 위한 동

력이 되는 '의미 있는 자존심'과, 허세를 우선하여 자신을 과대 평가한 결과 독선적인 태도의 요인이 되는 '하찮은 자존심', 두 가지가 있다고 말하고 싶다.

과거의 나는 좌절을 인정하는 것이 두려웠다. 그래서 하찮은 자존심에 매달렸다. 이대로는 인생의 패배자가 되어버린다는 것을 깨닫기까지는 많은 시간이 필요했다. 그리고 나는 하찮은 자존심이 인생에 방해가 된다는 진실을 깨달았다. 다시 말해 경제적으로 힘든 생활을 하고 있음에도 자존심 때문에 도움을 요청하지 못하면 굶어 죽을 수도 있다.

문제는 '하찮은 자존심'이 '의미 있는 자존심'인 척하며 사람의 마음을 점령해 나간다는 것이다. 허영심이 어느새 향상심으로 바뀌어, 무작정 일을 밀어붙이고 마는 함정에 빠지지 않기 위해서는 많은 인생 경험을 밟아 나가는 수밖에 없다.

자신의 역량을 알고
기적으로 한 걸음 다가서는 삶

한 음식점 주인이 부모님께 가게를 물려받아 순조롭게 가게를 성장시켰다. 대단한 장사꾼이라는 주변 사람의 칭찬에 완전히 솔깃해진 주인은 연달아 2호점, 3호점을 열었다. 하지만 영업 초반과 다르게 맛과 서비스가 나빠졌다는 이유로 고객은 떠났다. 결국 그의 세 가게 모두 문을 닫게 되었다. 이 음식점 주인의 패인은 '사업을 발전시키고 싶다'라는 생각과 자신의 역량이 일치하지 않았다는 데 있다. 3호점까지 늘린다고 수입이 3배가 되는 것은 아니다. 임대료와 인건비가 증가하고, 무엇보다 시간과 노력이 3배 필요하다. 그러면 항상 바쁘고, 항상 스트레스가 가득한 상황에서 일하게 되면서 관리하기도 힘들어지고 그 상황은 그에게 부담이었을 것이다. 하지만 문제가 발생해도 몸과 마음이 피폐해진 상태에서는 좋은 생각도 떠오르지 않는다. 문제가 발생하기 전이라면 냉정하게 생각할 수 있어도, 궁지에 몰린 상황에서는 냉정하게 생각하기가 어렵다.

그는 매장을 늘리기 전에 위험을 감수하면서라도 새로운 구조를 구축하거나 직원과의 의사소통 방식을 배우는 등의 준비를 통해 자신의 그릇을 크고 단단하게 만들어 두었어야 한다. 무슨 일을 하든, 성향이나 기력, 체력을 포함한 자신의 역량과 균형을 잘 맞추지 않으면 계속해 나갈 수 없다. 만약 그가 애초에 자신의 역량을 알고 있었다면, 1호점의 성공에 감사하며 그것을 소중히 유지하려고 하지 않았을까? 자신의 역량에 어울리는 가치 있는 삶의 태도를 발견하는 것, 그것 또한 결코 쉽지 않다.

다이아몬드는 반짝임이 중요하다. 알맹이는 작아도 아름다운 다이아몬드가, 크기만 크고 반짝임이 탁한 돌멩이보다 가치 있다. 여러분의 인생 또한 진정한 풍요로움과 자아를 착각하지 않길 바란다.

다른 사람에게 정당한 평가를 받지 못한다고 느꼈을 때, 아니면 다른 사람과 자신을 비교하며 불편한 감정을 느꼈을 때, 하찮은 자존심은 인생에서 몇 번이나 고개를 내밀며 마음을 농락한다. 하지만 일단 숨을 크게 쉬고 마음을 가라앉힌 뒤, 그것이 정말 의미 있는 자존심인지 냉정하게 생각해보자. 그것이 인간적인 성숙이며, 그 성숙이야말로 기적의 순간으로 인도해 줄 것이다.

미라클 모먼트

좋은 씨앗을 뿌리면
좋은 결과를 끌어당길 수
있는 것은 확실하다.

장소의 에너지

X

사람의 에너지

내가 있는 곳에
나의 에너지가 있다

내가 있는 곳에
나의 에너지가 있다

에너지는

모든 것에 영향을 미친다

이 세상에 존재하는 모든 것은 에너지다. 사람도 에너지이고, 그 행동을 책임지는 잠재의식 또한 에너지다. 그렇게 생각하면 주변 환경을 선택하는 것은 매우 중요한 일이다.

같은 번화가에 있는 빌딩이라도 세입자가 오래 정착하는 빌딩과 세입자가 금방 바뀌는 빌딩이 있다. 같은 빌딩이라도 어느 자리는 들어오는 가게마다 모조리 망해버리기도 한다. 임대료가 비싸거나 주인이 불친절한 사람일 가능성도 있을 테지만, 빌딩이 세워진 곳의 에너지 차이일 수도 있다.

　에너지가 낮은 땅은 에너지가 낮은 가게를 끌어당긴다. 직원들의 활력이 부족하면 손님에게 제공하는 음식이나 서비스의 질이 떨어지게 된다. 그러면 당연히 손님은 떠나고 말 것이다. 이것이 세입자가 정착하지 못하는 빌딩의 속임수이다. 늘 같은 자리에 머무르기만 한다고 느꼈던 내가 과분한 호텔을 잡은 것도 같은 이유다. 익숙한 곳에만 안주하지 않고 새로운 에너지를 찾아 떠나보는 것을 권한다. 경험하지 못한 에너지를 의식적으로 가까이 해보자. 보통 나는 3,000원짜리 커피를 주로 마시지만 가끔은 새로운 에너지를 얻기 위해 10,000원짜리 커피를 파는 카페에 가곤 한다. 3배가 넘는 돈을 주고 마시는 커피를 파는 카페는 입지, 설계, 채광, 개방성, 전망 등에서 추구하는 바가 명확하고 인테리어나 서비스, 커피잔에 이르기까지 모든 면에서 내게 새로움을 제공한다.

에너지는
에너지를 불러온다

앞서 잠깐 이야기했듯 장소의 에너지는 물론 사람의 에너지도 중요하다. 에너지는 비슷한 에너지를 불러 모은다. 특정 에너지를 더욱 높여주는 것은 그곳에 모이는 사람들이기 때문이다. 한 번 다녀갔던 가게가 마음에 들 때면 또 그 가게를 찾을 확률이 높아진다. 이처럼 에너지가 비슷한 사람들끼리는 모이게 된다. 나는 어떤 에너지를 받기를 원하는가? 내가 원하는 에너지가 있는 장소에 가면 내가 원하는 에너지를 얻을 확률이 높다. 그곳이 내가 평소에 가보지 않은 분위기의 장소라도 혹은 과분한 비용을 지불해야 할지라도 내가 원하는 에너지가 있는 곳이라면 한 번은 가보는 것을 추천한다. 자신의 동기부여를 위한 가치 있는 행동이 될 수도 있다.

사람들 사이의 대화는 에너지를 만든다. 가게를 추천하는 것, 최근에 읽은 책이나 영화 등 대부분 일상의 사소한 이야기 같은 것들이 의미 있는 대화가 아닌 것처럼 보여도 사실 이 대화가 에너지를 높이는 데 도움이 되는 정보의 보물창고다.

나는 시간이 허락하는 한 내가 원하는 에너지가 있는 장소를 자주 찾는다. 그곳에서 만난 사람들과 의미 있는 대화를 하기 위해서는 책도 읽고, 영화도 보려고 한다. 나아가서는 그들과 이야기를 나누다가 언급된 음식점도 될 수 있으면 찾는 편이다. 그 사람의 정보 또한 높은 에너지이며, 나를 발전시키는 선물이라고 생각하기 때문이다. 실제로 지인에게서 소개받은 음식점을 방문했고, 그를 마주친 적이 있다. 이때 만난 그의 동행인이 예전부터 내가 만나고 싶었던 유명인이었던 우연이 일어난 적도 있다. 사실은 그것이 우연이 아닐지도 모른다.

나는 나의 에너지를
높이는 사람이다

에너지가 높은 사람들과 어울리기 위해서는 자신의 에너지를 높여라. 그 비결 중 하나로, 나는 외출을 하기 전 언제나 여유 있게 준비하려고 한다. 마음이 조급해지면 나도 모르게 에너지를 소모하게 되므로, 천천히 샤워하고 차분히 머리를 정돈한다. 좋아하는 음악을 들으며 여유롭게 옷을 고르고, 바른 자세로 걸으며 느긋하게 목적지로 향한다. 이 사소한 행동만으로도 에너지는 높아진다. 나는 한 층 더 당당한 내가 될 수 있음을 느낀다. 그리고 무엇보다 중요한 것은 웃는 얼굴이다. 미소는 다른 사람에게 호감을 줄 뿐만 아니라, 자기 자신의 에너지를 높이기 위한 필수 아이템이다.

미소라고 하면, 그냥 웃으면 된다고 생각하는 사람이 많겠지만 그 세계는 굉장히 심오하다. 나는 '미소'에 대해 철저한 공부와 연구를 거듭해 왔다. 미소를 주제로 한 강연에 참여하거나, 구매한 DVD를 보며 미소를 익히던 시기도 있었다. 그중에서도 뮤지션이자 강연자인 에드윈 코퍼드가 추천하는 방법이 인상적이었다. 자신의 안에 '왕', '전사', '연인', '마법사', 네 명이 있다고 생각하고, 상대방에 따라 각각의 에너지를 머릿속에 그려 노래로 표현하는, 독특한 방법이다. 감각적이라고 인식하기 쉬운 미소에 대해 코퍼드의 방법은 지극히 논리적이며, 직접 실천할 수 있는 미소 짓는 방법을 전달하고 있다. '눈은 입만큼 말한다'라는 말처럼 눈동자에도 감정이 드러난다는 것을 명심하라.

말

감정

감정은
잠재의식에 남는다

감정은
잠재의식에 남는다

말보다 그 이면의
감정이 더 중요하다

원하는 것을 기적의 순간으로 이끄는 방법에는 긍정적인 말로 되고 싶은 자신을 끌어당기는 '자기 확언'이 있다. 무한한 에너지를 가진 잠재의식은 긍정의 단어를 주입하면 긍정적으로 활성화된다.

자기 확언은 기도가 아니다. '출세할 수 있기를'이 아닌 '출세할 것이다'라고 선언하는 것이다. 혹은 '출세했다'라며 그렇게 된 미래의 자신을 상상하며 입 밖에 내보는 것이 중요하다. 또한 미션에 대해 자신감이 흔들릴 때 '나라면 할 수 있어!', '잘 유지하고 있어!' 같이 말하면 그 말이 잠재의식에 전달되어 동기를 끌어올린다. 자기 확언은 굉장히 유의미한 방법이지만 입으로만 하면 안 된다. 잠재의식을 공부하면 공부할수록 '말의 역할은 감정을 전달하는 것이니, 말 이전에 감정이 없으면 안되지 않을까?'라는 생각이 든다.

말 자체보다 말 속에 있는 '감정'을 보자. '나는 할 수 있다!'라고 몇만 번 말해도 그게 말뿐이라면 효과는 미미하다. 자신을 북돋거나 자신감을 가질 수는 있어도 잠재의식의 활성화로는 이어지지 않을 것이기 때문이다.

말이 가진
힘을 기억하라

뇌 속의 '해마'에는 우리가 보거나 들은 것, 또 언제 어디에서 무엇을 했는지에 대한 정보가 입력된다. 기억은 머릿속에 저장하지 않아도 되는 단기 기억과 기억해 두어야 할 장기 기억, 크게 두 가지로 나뉘는데, 해마는 그를 판별할 때까지의 저장 창고라고 할 수 있다.

단기 기억이란 지금 자신이 의식하고 있는 영역의 기억으로, 현재의식이라고도 부른다. 반면 장기 기억은 그 사건이 반응 감정에 미치는 영향이 강력해 뇌에 깊게 새겨진 기억이다. 장기 기억은 보다 심층적이고 감각적이며, 스스로 의식할 수 없는 영역에 대한 기억이기도 하다. 이것이 잠재의식의 정체다.

사람의 감정은, 외부에서 받은 정보에 대한 기억을 해마에서 끌어내고, 감각적 사고인 우뇌와 논리적 사고인 좌뇌가 뇌들보(뇌량)를 통해 정보를 정리한 후, 최종적으로 편도체에서 만들어진다. 쉽게 해설하면 '이 사람 멋있다'라는 우뇌와 '이렇게 생각하는 이유는 무엇일까?'라는 좌뇌가 상의한 결과, 편도체에서 '좋아하니까'라고 결론을 내리는 것이다. 어쨌든 감정을 동반해야만 장기 기억, 즉 잠재의식에 남는다. 감정을 담은 긍정적인 말을 계속 되뇌다 보면 잠재의식은 소망 실현으로 이어질 것이다.

보이지 않는 세계

X

보이는 현상

내가 보고 싶은 것은
무엇일까?

21

내가 보고 싶은 것은
무엇일까?

보이지 않는 세계와의 연결은
깊이 생각해야 한다

평소 소망 실현과 잠재의식에 흥미를 가진 사람은 '보이지 않는 세계'에도 관심이 많다. 이른바 '스피리추얼spiritual' 분야다.

얼마 전, '엄청난 우연이 일어났어요!'라며 기뻐하는 사람이 있었다. '좋아하는 사람에게 문자를 보내려고 했는데, 딱 그때 그쪽에서 전화 온 거 있죠! 이건 잘될 것이라는 의미겠죠?'라며 내게 동의를 구했는데, 내 대답은 '예스Yes'도, '노No'도 아니었다.

공시성synchronicity은 심리학자 칼 융이 제창한 분석심리학의 개념으로, 의미 있는 우연의 일치를 의미한다. 융은 '사람의 심층 의식은 모두 연결되어 있다'라고 말하며, 사고 에너지가 우주와 연결됨에 따라 의미 있는 우연을 끌어당긴다고 말한다. 나는 이 말에 이의가 없다. 이제껏 자기계발에 전혀 관심이 없던 내가, 우연히 들어간 서점 책꽂이에서 나폴레온 힐의 책이 눈에 들어온 것은 의미 있는 우연이라고 할 수 있다. 사고를 당해 지금의 이 상황에서 끝내는 게 아니라, 인생을 가치 있게 만들고 싶다는 마음이 이끌린 것이라고 생각한다. 하지만 자기계발의 존재를 알게 된 시점부터 미래는 정해진 게 아무것도 없다고 딱 잘라 말할 수 있게 되었다. 나는 자기계발을 철저하게 공부하면서, 잠재의식의 법칙이란 무엇이고, 어떻게 하면 그 신기한 우주의 법칙을 현실 세계에서 구현할 수 있을지 생각했다. 그리고 그것을 삶에 논리적으로 반영함으로써, 수긍하면서 실천하고, 조금씩 인생을 개선해 왔다.

현상의 의미를
깊이 헤아린다

딱 잘라 말하겠다. 냉정함을 갖추지 못한 사람은 잠재의식을 제대로 활용할 수 없다. 우연이 일어났다고, 그에 일희일비하면 잠재의식을 다룰 수 없는 것이다. 잠재의식이 활성화됨에 따라 우연이 찾아왔다는 정보를 얻었다고 해서, 의식이 우연에 집중해 버리면 착각이 발생한다. 예를 들어 점을 보러 갔다가 행운의 숫자가 8이라는 이야기를 들으면, 거리에서 심심찮게 '8'이 눈에 들어오는 경우가 있다. 이런 현상을 잠재의식이 내린 '고GO'사인이라고 받아들이는 것은 너무나도 단순한 생각이다. 논리적으로 따지면 '8'을 의식하게 된 내가 '8'이라는 숫자가 눈에 들어오는 것에 불과하다. 그런데도 그것을 우주가 보내는 '고GO'사인이라고 착각해 버리는 사람은 결국은 큰 내기에 뛰어들었다가 실패하는 결말을 맞는다. 사실 그런 사람은 우주의 에너지를 활용하기는커녕 그 에너지에 휘둘리고 있다고 할 수 있다.

좋아하는 이에게 문자를 하려고 생각한 찰나, 타이밍 좋게 상대방에게 전화가 왔다고 하더라도 기뻐하기에는 이르다. 우연이라고 기뻐할 여유가 있으면, 같은 파장끼리 끌어당긴다는 우주의 법칙을 거울삼아, 자신의 어떤 사고가 이 우연을 끌어당겼는지 고민해보자. 이 세상이 3차원의 세계인 이상, 눈에 보이지 않는 에너지의 법칙을 믿는 동시에 '본질을 잃어버리면 현실은 움직이지 않는다'라고 인식하고 있길 바란다. 나는 눈에 보이지 않는 우주의 법칙과 현실 세계를 이어주는 것은 '이성理性'이라고 생각한다. 여러분의 생각은 어떤가?

현실 세계

우주 에너지

나를 위한 에너지는
이미 준비되어 있다

22

나를 위한 에너지는
이미 준비되어 있다

마인드맵을 그리면

현실적인 방법이 보인다

아무리 마음속으로 상상하고 꿈꾸어봤자, 현실 세계와 연결하지 않으면 그 무엇도 실현되지 않는다. 그리고 그 사이를 중개해 주는 것이 잠재의식이다. 만약 당신이 회사에서 최고의 사원이 되고 싶어한다면 강한 염원만으로는 꿈을 이룰 수 없다. 다만 당신은 잠재의식을 작용시킬 수 있다. 끈질길 정도로 '최고 사원이 되고 싶어!'라고 말하며 '최고 사원이 되어 상을 받는 나'의 모습을 떠올리면, 반드시 변화가 일어날 것이다. 그

변화는 '최고 사원이 되려면 어떻게 해야 하는지 고민하게 되는 것'이다.

그다음 해야 할 일은 새로운 마인드맵을 세우자. 지금까지 '최고 사원이 된다'라는 미션으로 '상을 받는 나'라는 비전을 그린 마인드맵이었다면 이제는 더 눈앞에 있는 목적에 초점을 맞춘 마인드맵을 작성해보자. 그를 위해서는 최고 사원이 되지 못하는 이유가 무엇인지 원인을 파악해야 한다. 괴롭고 힘든 작업이 되겠지만, 자신의 결점을 밝혀내는 것이다. 예를 들어 스스로 사교성이 부족해 성적이 부진하다고 느낀다면, 미션은 '사교적인 사람이 되는 것'이며, 비전은 '고객과 친근하게 대화를 나누는 나'로 설정한다. 그러면 잠재의식은 그를 위한 현실적인 방법을 알려줄 것이다.

인생을 풍요롭게 하기 위해서는
계획이 필요하다

마음에 그린 소망을 잠재의식에 반영시키는 이 과정에는 '타임래그'가 필요하다. 타임래그time-lag 란, 마음속에 소망을 선명하게 프린트하고, 그로부터 힌트를 얻어 현실적인 행동으로 연결해 나가는 중요한 과정이다. 우연히 읽은 책이나 어쩌다 보게 된 영화에서 영감을 얻을 수도 있고, 우연히 만난 사람에게 감화되는 것도 해당할 수 있다. 무언가의 영향을 받은 사건과의 만남은 우연이 아니다. 어떠한 의미가 있는 것이다. 이를 알아차릴지가 잠재의식을 활용하는 데 있어 큰 포인트가 된다. 잠재의식이 활성화되어 있다는 실감은 잠재의식을 더욱 활발하게 활성화시키는 것으로 이어지기 때문이다.

사고를 현실화하기까지의 타임래그는, 사고를 세분화하고 현실에 가까워지는 데 필요한 조정 시간이라고 할 수 있다. 그리고 이 시점에는 아직 아무것도 정해져 있지 않다. 좋은 방향으로 급전개하기도 하고, 몇 년이 걸릴 수도 있다. 다시 말해 현실 세계에서의 경험치에 달려 있다. 그러므로 어떤 경험도 두려워하지 말고, 실패해도 절망하지 않으며, 결과를 서두르지 않아야 한다. 이러한 정보 역시 잠재의식이 주는 선물이다. 지금 이 구절을 읽고 '그렇구나, 한번 해보자!'라고 생각한 당신은, 분명 기적의 순간으로 가까워지는 중이라 나는 확신한다.

미라클 모먼트

에너지의
균형을 맞춰라

여기서 말한 우주 에너지는 잠재의식과 같다. 과거에는 인간을 '물체'로 인식하였지만, 오늘날 양자물리학 분야에서는 인간을 '물질'인 동시에 '에너지체'라고 생각하는 것이 주류다. 물질은 원자로 구성되어 있으며, 원자를 세분화하면 소립자가 된다. 소립자는 파동으로 이루어져 있으며, 그것이 에너지라는 것을 밝히고 있다. 의사소통은 에너지의 교환이다. 에너지는 마주하는 사람과 시공을 뛰어넘어 보이지 않는 세계를 공유하고 있다. 말로 해도 에너지가 깃들어 있기 때문에 사람의 마음을 울리는 것이다.

조셉 머피 또한 잠재의식은 우주 에너지라고 단언하고 있다. 대우주 속에 살고 있는 모든 생명체는 에너지가 구체화한 존재라고 말이다. 최근 밝혀진 양자물리학의 견해와 머피가 100년도 훨씬 전에 설파한 이론이 일치한다는 것은 매우 경이롭지만, 안타깝게도 우리가 사는 3차원의 세계에서는 에너지의 힘만으로 소망을 이룰 수는 없다. 현실 세계에서 할 수 있는 일을 이행하면서 꿈에 다가갈 필요가 있는 것이다.

우주 에너지(잠재의식)를 믿으며, 동시에 현실적으로 할 수 있는 노력을 게을리하지 말자. 이 균형을 빼놓고 계속해서 바라기만 한다면, 꿈은 상상으로 끝나버린다는 것을 명심하라.

운명

X

타이밍

운명은
잠재의식에 달려 있다

운명은
잠재의식에 달려 있다

흐름을 타야 하는 시기는
잠재의식이 알려준다

나는 운명학 사범 자격을 가지고 있다. 매니지먼트를 공부하며 사람을 움직이는 힘의 중요성을 통감하고, 사람의 특성을 더욱 알고 싶었던 것이 운명학을 배우게 된 계기였다. 궁극적으로는 비즈니스에 활용하기 쉬운 통계학과 심리학을 통합하여 분석학으로 흘러가는데, 이들의 뿌리에는 음양오행을 바탕으로 중국에서 탄생한 '사주'가 존재한다. 이미 많은 사람이 알고 있겠지만, 사주는 생년월일과 태어난 시간을 간지력干支曆으로 변환하고, 그로부터 음양오행의 에너지 균형을 헤아려 감정한다. 태어난 일자와 시간에 따라 그 사람의 운명이 결정된다는 것이 사주의 근본 원리인 셈이다. 이러한 운명을 믿는 사람도 있고, 믿지 않는 사람도 있겠지만, 인생에는 흐름이 있으며 각 시기에 따라 삶의 태도를 바꾸어야 한다는 생각은 오래 전부터 존재했다.

이립(而立)	서른에는 뜻을 세운다.	사회적으로 자립한다.
불혹(不惑)	마흔에는 현혹되지 않는다.	자신감이 생긴다.
지천명(知天命)	쉰에는 하늘의 뜻을 이해한다.	사명을 깨닫는다.
이순(耳順)	예순에는 귀가 순응한다.	모든 일에 순순히 귀를 기울인다.
종심소욕불유구 (從心所欲不踰矩)	일흔에는 원하는 대로 행동해도 법도에 어긋나지 않는다.	삶의 태도를 통제한다.

－ 공자, 《논어》 자한 편

물론 모든 사람이 이상적인 타이밍에 따라 인생을 살아갈 수는 없다. 인간의 성숙도는 시대 배경에 따라서도 차이가 있을 것이고 그 사람이 짊어질 운명에 따라서도 달라질 것이다.

나는 '미조구치 멘탈테라피스쿨'에서 생체리듬을 공부하며 유일하게 '로열마스터 멘탈테라피스트'라는 칭호를 받았다.

인생에도 생체리듬이 존재한다. 무슨 일을 해도 잘 풀리는 시기가 있으면, 무슨 일을 해도 잘되지 않는 시기가 있다. 생체리듬의 좋은 흐름은 반드시 필요하다. 사실 나는 행운 시기와 정체 시기를 구분하지는 않는다. 대신 '지금이 타이밍'인 시기와 '지금은 준비 기간'이라는 시기가 있다고 생각한다. 준비 기간이란, 소망에 맞게 자신의 역량을 키우는 시기를 말한다. 그래서 나는 준비 기간을 최대한 사용하려고 한다.

인생은 타이밍이 맞다. 그리고 그 타이밍은 해야 할 일을 하고 있으면 반드시 내게로 다가올 것이다. 역설적으로 말하면 잠재의식은 무슨 일을 해도 잘 풀리지 않는 시기를 통해 아직 때가 무르익지 않았음을 알려주고 있는 것이라고도 할 수 있다. 그러니 내 안의 목소리에 귀를 기울이고, 순순히 그를 따르기만 하면 된다.

미라클 모먼트

운명은

자신이 만들어 가는 것

타이밍이 다가오는 소리를 듣기 위해서는 항상 마음의 균형을 유지하라. 지나치게 몰입하지 않고, 무리하지 않으며, 조급해하지 않는 것이다. 높은 산을 오를 때 발밑을 보고 한 걸음 한 걸음 차근차근 나아가지 않으면 금방 숨이 차고 말 것이다. 자신의 소망이 너무 크고 어렵다고 생각하는가? 그것은 현재의 식이다. 잠재의식은 상대적인 가치관을 가지지 않는다. 무한한 에너지를 가진 잠재의식에 브레이크를 거는 것이 바로 점괘 같은 것이다. 점괘에서 나온 '이번 달은 뭘 해도 잘 안된다'에 '그렇구나'라고 인식하는 순간, 잠재의식은 부정적인 사고라고 짐작해 부정적인 현실을 끌어당기게 될 것이다.

운명은 마음먹기 나름이니 낙담하고 있을 때가 아니다. 나는 별자리 운세가 좋지 않게 나올 때 구성기학九星氣學이라는 하나의 분석학에 연연하지 않고, 긍정적인 기분이 될 때까지 시도한다. 액운을 걱정하는 사람들도 있다. 하지만 그들에게 말하고 싶다. 마이너스 에너지를 조심해야 한다는 것은 동시에 플러스 에너지도 존재하는 것임을. 그러므로 언젠가는 플러스와 마이너스, 곧 제로가 되는 셈이라고 말이다.

쉽게 병에 걸리는 체질이라면 건강 관리에 신경 쓰면 되고, 인간관계에서 문제가 자주 발생하는 사람이라면 자신의 언행을 조심하려고 노력하면 된다. 부정적인 정보에 끌려가지 마라. 잘 풀리지 않는 인생을 운명의 탓이라고 돌리는 사람도 있는데, 그건 엄청난 착각이다. 운명은 자신의 의식으로 만들어가는 것이다. 운명을 활용한 결과가 현실이며, 운명은 사람을 휘두를 수 없다. 노력하면서 기적의 타이밍을 기다리고, 절호의 타이밍에 좋은 흐름을 타는 것, 모두 자기 하기 나름이다.

성격

의미 부여

당신은 기적의 열쇠를
쥐고 있다

당신은 기적의 열쇠를
쥐고 있다

결국 성격은

인식하는 방법

나는 분석학 공부에 관심이 많았다. 그중에서도 미조구치의
생체리듬 분석은 생체리듬 분석·성격 분석·직업 적성 분석·
매치 업 분석·잠재 능력 분석 등 다양한 분석이 가능하여, 조
직 관리에 매우 유용하다. 또한 10만 명 이상, 800개 이상의 법
인 기업을 지원해 온 실적과 사례가 있어 믿을 만하다. 이는 사
람의 기질이나 성격에 따라 평화주의·완벽주의·온정주의·자
연주의·자유주의·이상주의 등으로 분류된다. 이 분석은 조직

을 구성할 때도 큰 역할을 한다. 개인의 성격 특성이나 생체리듬 등을 파악하여 다른 사람과의 궁합까지 볼 수 있다. 나는 상대방의 성격 특성을 고려해 전달 방식을 다르게 하는 등 원활하게 의사소통하는 데에 분석학을 활용한다. 그럼에도 알 것 같으면서 잘 모르겠는 게 바로 성격이다.

성격은 '인식하는 방법'에 불과하다. 결정적으로 다정함이 좋아 사귀게 된 사람의 우유부단함이 이별의 이유가 되었다는 사례에서도, 상대가 달라진 게 아니라 성격에 부여하는 의미가 달라진 것뿐이다. 마찬가지로 뚜렷한 주관은 자기중심적, 친절한 사람은 참견하는 사람, 신념이 강한 사람은 고집쟁이라고 하는 것과 같은 의미다. 다시 말해 장점과 단점은 표리일체다. 장점을 늘리면 단점도 눈에 띄고, 단점을 지우면 장점도 사라지므로, 성격을 바꾸는 것이 아니라 장점과 단점을 함께 살리는 균형 또한 필요하다.

어떻게 될까?보다는
어떻게 할까?

상사의 충고를 들었을 때, 자신은 기대받는 사람이기에 엄격한 충고를 들은 것이라고 받아들이고 노력하는 사람과 자신에게 붙은 '능력 부족'이라는 꼬리표에서 헤어나오지 못하고 낙담하는 사람이 있다. 이는 사고의 차이이기 이전에 '성격의 차이'라고 할 수 있다. 하지만 비즈니스에서 성공하고 싶다고 바라면서 '나는 태어날 때부터 어두운 성격이라 사람들에게 오해를 많이 받는다'라고 생각하거나, 도전하지 못하는 것을 '부정적인 생각을 지닌 나는 어차피 불가능하다'라며 성격 탓으로 돌리고 체념해 버리는 것은 옳지 않다. 성격은 충분히 바꿀수 있다. 앞서 말했듯 성격은 부여하는 의미에 따라 달라진다. 천성이 어두운 사람, 부정적으로 생각하는 사람은 동시에 신중한 성격을 가진 사람으로 볼 수 있다. 그가 신중함을 무기로 삼아 노력하자고 마음먹으면 그 마음이 잠재의식에 전달되어 성격도 긍정적으로 변화할 것이다. 자신이 부정적이라고 자각하고 있는 사람 대부분은 그런 자신을 바꾸기 위해 갑자기 긍정적으로 되려고 한다. 성격을 한 번에 바꾸려고 하면 좌절할 확률이 높다.

　그렇지만 사실 긍정적인 사람이 되는 것도 어렵지 않다. 제일 먼저 부정적인 생각을 접고, 부정적이지도, 긍정적이지도 않은 자신이 되는 것을 목표로 한다. 상사에게 충고받았을 때, 자신이 기대받는 존재라고까지는 생각하지 않아도 쓸모없는 사람이라는 꼬리표가 달렸다는 발상은 버려야 한다. 불필요한 생각은 하지 않기로 다짐하는 것이다. 그리고 지적받은 점을 개선해 나간다면, 긍정적인 사람과 똑같은 길을 걷게 될 것이다. 이러한 성공 경험을 차근차근 쌓아 나가면서 조금씩 개선한다면 성격은 달라질 수 있다. 하지만 가장 중요한 것은 사람은 다른 사람을 바꿀 수 없다는 것이다. 남이 할 수 있는 일은 조언을 통해 영향을 주는 것뿐이다. 자신을 바꿀 수 있는 것은 오직 본인뿐이다. 기적을 여는 열쇠는 당신에게 있다는 것을 명심하라.

돈

의식

돈의 흐름은
내가 결정한다

돈의 흐름은
내가 결정한다

나의 에너지는
내가 만드는 것이다

결국 자신이 살아가는 세계를 결정하는 것은 스스로의 믿음이다. 나의 생각이 이 세상에서 일어나는 일에 의미를 부여하고, 마침내 나의 이상적인 모습조차도 바꾸어 버린다.

　가끔 점을 보며 미래를 예견해 주는 이와 만날 기회가 있다. 그는 종래 살아있는 사람이나 죽은 사람의 영혼을 불러내어 그의 생각을 말하거나 주술적 치료 행위를 하는 사람이었다. 그를 만나기 전, 나는 내 에너지를 높은 상태로 만들어 둔다.

'천지 우주 최고의 에너지가 나에게 쏟아지고 있다. 그에 따라 나의 에너지가 최고로 높아지고 있다'라고 마음속으로 생각하는 것이다. 그렇게 생각하고 만나면 그들은 반드시 좋은 말만 해준다. 실제로 나는 앞으로 훌륭한 미래가 펼쳐질 가능성이 있다는 이야기만 들었다.

강연할 때도 마찬가지로, 내게 최고 에너지가 쏟아지고 있다고 생각하면서 강단에 선다. 그러면 강연 내용이 훌륭해지고, 사람들의 평가도 좋았다. 그리고 잠재의식은 깊은 곳에서 모든 사람과 연결되어 있으므로 자기 생각은 다른 사람에게도 전달된다. 나는 사람의 인상이나 태도, 존재 방식, 에너지의 상태가 오직 생각만으로 바뀌는 놀라운 경험을 늘 하고 있다. 내가 의식하고 있는지 아닌지에 관계없이, 사람은 누구나 그런 능력을 지니고 있다.

미라클 모먼트

생각을 바꾸면
돈은 쓰는 만큼 들어온다

'말'은 생각보다 중요하다. 말은 그 자체로 그리고 그 말이 가진 의미를 해석할 수 있는 언어 능력을 갖춤으로써, 자기 내면에 사실로서의 존재를 만들어낼 수 있다. 예를 들어, 많은 사람이 '돈을 쓰면 돈이 사라진다'라고 생각하지만 누군가는 '돈은 쓰면 쓸수록 들어온다'라고 말하기도 한다. 또 '돈을 쓰지 않으면 돈은 들어오지 않는다. 그러니 돈을 써야 한다'라고 이야기하는 사람도 있다. 좋아하는 옷을 원하는 만큼 사면 돈은 당연히 없어지는 게 맞다. 하지만 자신이 좋은 옷을 구매해 멋지게 소화함으로써, 세상에 이렇게 아름다운 옷이 있으며, 그 옷을 입으면 사람이 이렇게나 빛날 수 있다는 것을 보여줄 수도 있다. 개인적인 소비가 아니라 사회를 위해 공헌한다고 의미를 부여하면, 쓰는 만큼 들어온다는 돈의 흐름을 현실에서 만들어낼 수 있다.

정말 부유한 사람들은, 일반적으로 사람들이 믿어 의심치 않는 '돈은 사용하면 줄어든다'라는 상식보다 앞선, 조금 더 심도 있는 세계, 에너지의 세계를 이해하고 모든 일에 몰두하고 있다. 그런 사람에게는, 현실도 또 다른 얼굴을 보여줄 것이다.

미라클 모먼트

습관

×

성취감

좋은 습관은
좋은 결과로 이어진다

좋은 습관은
좋은 결과로 이어진다

습관은 건강한
신념으로 완성된다

월트 디즈니는 '꿈을 이루기 위한 비결은 네 가지 C로 집약된다. 바로 Curiosity(호기심), Confidence(자신감), Courage(용기), Constancy(계속)이다'라는 말을 남겼다. 지금까지 이 책에서 소망을 현실화하는 방법으로 행동의 원동력이 되는 호기심을 갖는 것, 자신을 믿는 것, 용기 있게 도전하는 것에 대해 다루었는데, 이제부터는 '계속하는 것'에 관해 말하고자 한다. 기적을 바라는 마음이 아무리 강해도 시험 삼아 그냥 해본 수준이라면 하지 않은 것과 같다. '결과가 나올 때까지 계속해서 노력하겠다', '절대 포기하지 않겠다'라는 신념이 없다면 이루어질 소망일지라도 이룰 수 없다. 소망이 이루어질 때까지 인내심을 강요받을 수도 있다. 또, 용기 내서 도전했는데 실패할 수도 있다. 자신이 지금 뭘 하고 있는지 모르겠다며, 짜증과 싫증이 날 수도 있다. 하지만 좌절할 것 같아도 마음을 바로잡고 다시 걷기 시작했을 때, 무의식중에 구축된 자랑스러움이 잠재의식을 활성화하고, 나도 모르게 내뿜는 열정적인 에너지가 응원해 주는 사람을 끌어당겨, 기적을 향한 우리의 한 발짝을 도울 것이다.

무슨 일이든 습관으로 만들 수 있으면 게임 끝이다. 내가 이것을 가장 크게 느낄 수 있었던 부분은 건강 관리였다. 40대에는 피곤해도 자고 일어나면 컨디션이 회복됐는데, 지천명이 되자 만성 피로는 쉬이 사라지지 않았다. 이대로는 오래 버티지 못할 것 같다는 생각에 운동을 시작했다.

이루었을 때의
쾌감을 맘껏 즐겨라

나는 우선 '몸 상태를 정돈하고, 높은 에너지를 유지하는 것'을 목표로 내세웠다. 그리고 '멋있게 정장을 차려입은 내 모습'을 비전으로 그렸다. 다시 말해 건강 관리는 결국, '무엇을 달성하고 싶은가?'였다. 어딘가 몸이 불편하면 그를 고치고 개선하는 것이 목표가 되겠지만, 평소 질병도 없었던 나는 무엇을 목표로 할 것인지 고민하다가 일단 외모를 가꾼다는 비전을 목표로 삼은 것이다. 기껏해야 외모라고 생각할지도 모르지만, 새우처럼 등이 굽은 사람과 자세가 바른 사람 중 누가 더 긍정적인 에너지를 받을 수 있다고 생각하는가? 청결을 유지하는 것, 옷차림을 신경 쓰는 것 그리고 건강한 것은 자신의 에너지 향상으로 이어져 분명 삶의 질을 높여줄 것이다.

전문가와 함께 운동하면서 균형 잡힌 식단으로 바꾸고 나아가 규칙적인 식사 시간을 지키기로 했다. 저녁 식사는 오후 7시, 그리고 위_間에 충분히 휴식을 준 다음, 오전 7시에 아침 식사를 했다. 밖에서 점심을 먹어 일일 섭취 칼로리를 초과했을 때는 저녁 식사를 자제하려고 한다. 처음에는 운동도, 식단 관리도 힘들었는데 이상을 실현하겠다고 주위 사람들에게 공공연하게 말하고 다닌 체면이 있어, 포기하지도 못하고 계속했다. 그러다 보니 그것이 습관이 되었고 이제는 평소처럼 하지 않으면 하루가 개운하지 않다고 느낀다. 이제 나는 피곤으로 괴로움을 느끼지 않게 되었고, 3개월 만에 체중 5kg을 감량해 체지방 12.5% 만들기의 목표를 달성했다.

성공 비결은 출발 지점부터 결승선까지 과학적인 데이터에 근거한 과정을 명확하게 했다는 것이다. 덕분에 조급해지지 않고, 이 시기를 지나면 반드시 체중과 체지방이 감소할 것이라는 믿음으로 계속할 수 있었다. 초조함은 '지금 내가 하는 일이 옳은 것일까?'라는 불안에서 오는데, 불안이 존재하면 자기 축이 흔들리므로 계속하기 어렵다. 즉 소망 실현에서 멀어지게 되는 것이다. 어쨌든 '하기로 했으면 한다!'라는 근성만으로는 어렵다. 거기에 작은 목표를 세우고, 사소한 성취감을 쌓아가며 자신의 동기부여를 유지하는 것도 하나의 방법이다. 자, 자신에게 맞는 방법을 먼저 찾는 자의 승리다.

과거

현재

미래

곱셈법으로
기적의 순간을 계획하라

곱셈법으로
기적의 순간을 계획하라

과거의 성공은
마음속 서랍에 간직하자

사람은 과거의 경험을 활용해 살고, 현재를 바라보며 최선을 다하고, 미래를 꿈꾸며 기적이라는 희망을 품고 살아간다. 과거와 현재, 미래에 대해 항상 균형 있게 생각하는 것이 삶을 풍요롭게 한다고 나는 확신한다. 그러기 위해서는 과거·현재·미래에 대한 자신의 가치관을 명확하게 하는 것이 중요하다. 예를 들어 나는 과거에 집착하지는 않되, 과거의 경험은 마음속 서랍에 넣고 필요에 따라 꺼내려고 한다. '그때는 좋았지'라며 지금과 비교하며 우울감에 빠진 적은 없다. 하지만 위기가 찾아오거나 무언가에 도전할 때, '그때도 잘했으니, 이번에도 잘될 거야'라는 생각으로 의욕을 끌어올린 적은 있다. 이상과 현실의 격차를 좁히기 위해 의식적으로 과거를 되돌아볼 필요가 있다. '계속할 수 없었다', '용기가 부족해 도전할 수 없었다' 등 과거에는 자신이 경험했던 과제가 숨어 있다. 그 과제를 알아차렸다면, 그를 해결하는 행동을 습관화하라. 습관으로 만들지 않으면 금세 잠재의식으로 다시 들어가고 말 것이다.

누구나 지우고 싶은 실패 경험이 있을 것이다. 그에 반해 큰소리로 쾌재를 부르고 싶었던 성공 경험도 있을 것이다. 실패 경험에 치우치면 부정적 사고가 되고, 성공 경험에 치우치면 오만함으로 이어진다. 실패 경험을 통한 배움과 성공 경험을 통해 얻은 자신감의 균형은 가치 있는 인생을 만들 것이다.

미라클 모먼트

현재를 즐기며,
미래를 내다보고 훌륭하게 살아간다

현재에 집중하는 것과 미래로 연결되는 것의 균형은 중요하다. 예를 들어 돈은 지금을 즐기기 위해 사용하는 것도 중요하고 노후를 대비하는 것도 중요하지 않은가? 지금만 좋으면 괜찮다는 생각에 원하는 물건을 계속 사면서 저축하지 않으면 길거리로 내몰리는 미래가 올 것이 뻔하다. 그렇다고 노후만 생각해 지금을 즐기지 않으면 삶의 이유와 목적을 찾기 어렵다. 나는 값비싼 자료와 교재를 구매하고 많은 돈을 들여 전 세계의 세미나를 수강했지만 그것은 전부 앞으로 미래를 살아가기 위한 투자였다. 주식 투자나 부동산 투자처럼 모든 투자에는 리스크가 따르기 마련이다. 투자한 돈을 낭비하고 싶지 않다는 신념을 동기로 삼고 돈을 가치 있게 사용할 줄 알아야 한다.

10년 단위로 다시 보면
새로운 미션이 보인다

미래는 욕심내지 않는 것과 포기하지 않는 것의 균형이 중요하다. 나는 환갑을 맞이하고 삶을 되돌아보며 내가 이루어 낸 인생의 기적을 발견할 수 있었다. 안타깝게도 다가오는 세월을 이길 수는 없으니 지금까지의 페이스로 계속 일하기란 불가능하다. 하지만 그렇다고 낙심할 필요도 없다. 한낮의 태양은 눈부시지만 지는 석양 또한 훌륭하다. 바다를 주황색으로 물들이며 당당하게 기울어지는 석양처럼 유유하게 사는 삶을 꿈꾼다. 앞으로는 에너지의 비중을, 일에서 사적인 시간으로 조금씩 옮겨 갈 예정이다. 그렇다고 일에서의 발전을 포기한 것은 아니다. 무슨 일이 일어날지 모르는 미래를 기대하는 나의 모습도 있다. 인생 전체를 내려다보며, 이룬 것과 하다가 도중에 멈춘 것을 파악하여 출발점에 서면, 자신의 새로운 가치를 구축할 수 있을 것이다.

인생을 생각하면, 아직 갈 길이 많이 남았다. 그렇다고 해도 어지럽게 변하는 사회 정세나 인공지능의 도입에 의한 시대의 변화 속도를 예측해, 기나긴 인생 계획을 세우기에는 한계가 있다. 이때 나는 10년 단위로 구분해 인생을 돌아보는 방법을 추천한다.

나는 40대에 일과 돈, 인간관계, 건강이라는 우선순위를 세우고 균형을 조정하며 50대에 원숙기를 맞이한다는 계획을 세웠다. 그리고 50대에는 인간관계에 중점을 두고 60대를 대비해왔다. 그리고 60대가 된 지금부터는 건강을 우선으로 생각하면서, 다양한 활동을 꾸준히 해나갈 계획이다. 그렇게 70대가 되어서도 현역으로 지내며 사회 공헌을 목표로 하고 싶다. 그것이 60번째 생일을 맞아 세운 나의 새로운 미래이다.

27가지 곱셈의 지혜는
미라클 모먼트를 향한다

이 책은 내가 미라클 모먼트를 위해 필요하다고 생각하는 요소를 곱셈의 형태로 제시한다. 많은 것 중 '곱셈'인 이유는 앞에서도 말한 것처럼, 우리 인생에 좋고 나쁨은 없기 때문이다.

즉, 누구나 결점이나 약점은 있기 마련이다. 그런 '약점'은 다르게 생각하면 강점으로 바꿀 수 있다고도 흔히들 말한다. 하지만 약점은 약점으로 남아있어도 괜찮다. 일을 빨리빨리 처리하지 못하는 사람은, 속도가 요구되는 사회에서는 그 점이 결점으로 여겨지겠지만 느긋한 속도가 다른 사람에게 안정감과 친근감을 주고, 많은 사람의 신뢰를 받을 수 있을지도 모른다. 그러므로 약점은 약점으로 활용해 나가자. 약점을 굳이 다른 가치관으로 대체하거나 완전히 바꿀 필요는 없다.

누구나 '강점×약점', '장점×단점', '선인×악인'……이라는 곱셈의 형태로 살아가고 있다. 곱셈은, 두 가지 요소가 모두 활용된다는 의미다. 어떤 선택이나 희생으로 나눌 필요가 없다. 두 가지를 결합하였기 때문에 비로소 다른 누구에게도 없는 그 사람다움이 나타난다.

사람이 가장 행복을 느끼는 때는, 부를 얻는 것도, 명예와 지위를 얻는 것도 아닌, 누군가에게 필요로 할 때라고 한다. 물론 인생에는 여러 시련이 기다리고 있다. 하지만 그 시련을 어떻게 극복하고, 어떻게 성장해 나갈 것인지가 매우 중요하다. 그

앞에 이어지는 미래는 언제나 본인이 만들어간다는 사실을 잊지 마라. 그리고 찬란한 미래를 자랑스럽게 걸어 나가기 위해, 이 책에서 소개한 '곱셈'이 이정표가 되고, 때로는 좋은 동행자가 되길 바란다. 인생을 살며 방황하거나 흔들릴 때, 다시 한번 이 책의 책장을 넘겨보기를 바란다. 그리고 당신이 곱해야 할 것이 무엇인지, 곱하고 싶은 것이 무엇인지 생각해볼 수 있었으면 한다. 분명 그 순간 자신에게 필요한 '곱셈'을 찾을 수 있을 것이다.

현재 시련 한가운데에 있는 사람이라도 동트기 전이 가장 어둡다는 우주의 법칙을 기억했으면 한다. 희망이라는 이름의 물을 계속 뿌려주기를 바란다. 무리하지 않아도 좋다. 조급할 필요도 없다. 자신이 할 수 있는 일을 묵묵하고 담담하게 해나가며, 똑바로 걸어 나가는 것이 중요하다. 가치 있는 삶을 살기 위해 할 수 있는 일은, 지금 최선을 다해 노력하는 것밖에 없다. 그렇다면 어느샌가 당신의 앞에는 기적이라는 열매가 자라나 있을 것이다.

당신은 오늘, 무엇을 곱할 것인가?

옮긴이 **오정화**

서강대학교에서 경제학과 일본문화학을 전공했다. 외식기업 기획자로 근무하다가 일본어의 즐거움을 포기할 수 없어 번역가 및 출판 기획의 길을 걷고 있다. 많은 사람에게 읽는 재미와 행복을 줄 수 있는 책을 우리말로 옮기고 소개하는 것이 꿈이자 목표다. 현재 출판번역에이전시 글로하나에서 다양한 분야의 일서를 번역, 검토하며 활발히 활동하고 있다. 역서로《질문으로 시작하는 철학 입문》,《처음 읽는 수학의 세계사》,《맛있는 세계사》,《유리 멘탈이지만 절대 깨지지 않아》,《돈의 뇌과학》,《세상에서 가장 쓸모 있는 철학 강의》,《알아두면 쓸모 있는 모양 잡학사전》등이 있다.

미라클 모먼트

1판 1쇄 인쇄 2024년 11월 25일
1판 1쇄 발행 2024년 12월 18일

지은이 이노우에 히로유키
발행인 김태웅
편집 이미순, 박지혜, 이슬기
표지 디자인 섬세한 곰   **본문 디자인** 호우인
마케팅 총괄 김철영   **마케팅** 서재욱, 오승수
온라인 마케팅 하유진   **인터넷 관리** 김상규
제작 현대순   **총무** 윤선미, 안서현, 지이슬
관리 김훈희, 이국희, 김승훈, 최국호

발행처 ㈜동양북스
등록 제2014-000055호
주소 서울시 마포구 동교로22길 14(04030)
구입 문의 (02)337-1737 **팩스** (02)334-6624
내용 문의 (02)337-1763 **이메일** dymg98@naver.com

ISBN 979-11-7210-891-5 03190